LETTRE

DE

M. DE SAINTE-ALBINE,

A

M. LE COMTE DE V***.

LETTRE
DE
M. DE SAINTE-ALBINE,
A
M. LE COMTE DE V***.

Ce qu'on donne aux méchans, toujours on le regrette.
Pour tirer d'eux ce qu'on leur prête,
Il faut que l'on en vienne aux coups,
Il faut plaider, il faut combattre.
Laissez-leur prendre un pied chez vous,
Ils en auront bientôt pris quatre.

La Fontaine, Livre II. Fable VII.

1789.

LETTRE
DE
M. DE SAINTE-ALBINE,
A
M. LE COMTE DE V***.

OUI, Monſieur le Comte, oui, je me juſtifierai; oui, je ſortirai de cet état de léthargie, de cet état d'annihilation où les malheurs accumulés ſur ma tête, & des injuſtices atroces m'avoient plongé.

Je viendrai eſſuyer les dégoûts des procès; je viendrai affronter leurs éternelles longueurs, je ſuivrai mes ennemis dans tous les repaires de leur déteſtable chicane, & ſoyez certain que j'obtiendrai juſtice.

Je dois à une femme, je dois à des enfans qui me redemandent une fortune que la plus mauvaiſe foi a dilapidée, de pourſuivre ceux qui la retiennent injuſtement; je me dois à moi-même de venger un honneur que veulent me ravir ceux même qui ſe partagent ma fortune.

Témoin, depuis votre retour à Paris, des propos atroces que la calomnie acharnée & intéreſſée vomit contre moi juſques dans le ſanctuaire de la Juſtice pour m'en fermer toutes les avenues, vous avez promis hautement une juſtification, & vous en avez donné votre garantie.

Vous avez offert de prouver que ma fortune étoit diſperſée dans des mains avides qui la retenoient injuſtement.

Vous avez ſoutenu que des Agens-de-change, dépoſitaires de mon bien, ne déchiroient ma réputation que pour étouffer mes plaintes; que la calomnie étoit pour ces déprédateurs inſatiables ce qu'eſt le poignard dans les mains des Proxenetes des forêts, qui ſe délivrent des cris du voyageur dépouillé en lui arrachant la vie.

Vous avez publié que le ſieur Rybes, le plus cruel de mes adverſaires, après avoir chaſſé ma femme & mes enfans de leur domicile, après avoir fait vendre juſqu'à leur lit, ſous le prétexte d'un billet de dix mille livres que je n'avois pu acquitter, prétend lui-même aujourd'hui que je ne lui devois pas ce billet, qu'il n'étoit point fondé à en exiger le paiement.

Vous avez offert de prouver que l'objet de la défense du sieur Rybes dans le procès que j'ai avec lui, est de se faire condamner à me restituer le montant de ce même billet, qui a été dans ses mains l'instrument avec lequel il m'a égorgé; que cet homme est enfin obligé de me réintégrer dans le domicile duquel il m'a chassé inhumainement & sans raisons.

Vous voulez que je rende un compte exact & public de tous ces faits;

Vous voulez que j'en consigne le scandale dans une lettre que vous me permettez de vous adresser & de publier. J'obéirai, Monsieur le Comte, puisque cette précaution doit servir à ma justification; mais permettez-moi encore de m'occuper d'un préalable que vous jugerez, comme moi, indispensable, celui de présenter d'abord quelques détails ſur la conduite que j'ai tenue depuis l'inſtant où je ſuis entré dans la carriere des fonds publics, juſqu'au moment où je l'ai abandonnée. Vous m'y verrez luttant ſans ceſſe contre les écarts d'une adminiſtration vicieuſe, toujours victime de ſes déprédations, & néanmoins toujours fidele à des engagemens dont les funeſtes réſultats m'ont coûté plus de trois millions;

Vous m'y verrez croyant ſeconder les vues patriotiques d'un Miniſtre fort de ſon opinion, & non d'un Miniſtre héſitant & chancelant à tous les pas, me dévouer imprudemment pour la choſe publique, & trouver pour récompenſe l'abandon le plus complet de ceux qui me faiſoient agir, & la dénégation la plus abſolue lorſque j'ai parlé de *dédommagemens*;

Vous m'y verrez ſur un vaiſſeau prêt à rentrer dans le port, obligé de rendre les armes à des forbans jaloux, & irrités de voir un pavillon honorable criblé de coups, toujours échapper à des combats inégaux & meurtriers.

Mais puis-je, dans le moment actuel, me flatter, M. le Comte, que le public voudra bien laisser tomber les yeux sur cet Ecrit ?

Dans un tems où le plus juste enthousiasme transporte tous les esprits ; dans un tems où toute la Nation occupée de ses plus grands intérêts, s'apprête à prononcer sur les plus importantes & les plus nobles questions, permettra-t-on à un particulier de parler de soi ?

Oui, peut-être, si ce particulier a des intérêts liés, comme le sont les miens, à l'intérêt général : or il ne me sera que trop aisé de prouver que les fraudes contre lesquelles je réclame sont un scandale effrayant pour le crédit public, & annoncent, si elles restent impunies, la subversion prochaine de toute espece de confiance.

Je suis venu à Paris, comme vous le savez, en l'année 1784. Je n'avois d'autre but que celui d'être plus à portée de remplir les fonctions d'une place honorable que j'occupois auprès du Roi, celle de Maître-d'hôtel de Sa Majesté.

Une partie de ma fortune se trouvoit malheureusement en porte-feuille, je cherchai un placement solide & avantageux.

Je n'avois nulle idée du commerce des fonds publics; cette nature d'effets fixa mon attention, parce que leur produit étoit certain & susceptible d'augmentation; ou peut-être, faut-il le dire, parce que ma malheureuse destinée me conduisoit, comme par la main, vers l'écueil contre lequel je devois échouer, & perdre une fortune acquise par des travaux héréditaires & honorables.

D'anciennes liaisons me rapprocherent d'un ami qui spéculoit dans ce genre de commerce avec autant d'intelligence que de fruit.

Ce n'étoit pas encore le tems où la Place de Paris a été inondée de cet essaim d'hommes de toute espece & de toute secte, attirés par la réputation d'un Ministre qui poussa le ſcandale de ſon immoralité juſqu'à faire proclamer par la bouche des loix une impunité malfaiſante en faveur de tous ceux pour leſquels des engagemens étoient un fardeau.

La Place n'étoit compoſée que de gens bien famés ; les tranſactions les plus conſidérables ſe paſſoient ſans écrits, une parole ſuffiſoit. Quarante Agens-de-change poſſédoient à juſte titre la confiance publique, & l'avoient méritée.

On n'alloit pas, comme aujourd'hui, effrontément ſe faire relever d'un engagement ainſi qu'un moine apoſtat d'un vœu qu'il a formé au pied des Autels.

L'ami dont je viens de parler me propoſa de m'intéreſſer dans une ſpéculation conſidérable qu'il faiſoit ſur les Actions de la Caiſſe d'eſcompte.

Cette affaire à laquelle je m'aſſociai, eut le ſuccès que nous en attendions, elle nous produiſit à chacun une ſomme de 40,000 liv.

Cette premiere opération ayant rempli

mes espérances, je crus pouvoir marcher sans guide. Je fis en mon nom un achat de deux cents des mêmes Actions.

Ma spéculation étoit fondée sur le calcul que j'avois fait des bénéfices de la Caisse d'escompte.

Il étoit démontré que le dividende du semestre où j'achetois seroit au moins de 210 liv. sa progression graduelle étoit infaillible.

Mon calcul étoit donc certain, j'en ai l'expérience pour garant, je ne crois pas même d'avoir manqué à la prudence; mais je n'avois pas fait entrer dans ce calcul une donnée qu'il m'étoit impossible de connoître, c'étoit le secret de ce qui se passoit dans le cabinet du Ministre qui dirigeoit alors à son gré le cours des effets publics.

A peine mes achats furent-ils consommés, que la Place fut tout-à-coup inondée de vendeurs. On offroit les Actions de la Caisse avec une profusion scandaleuse qui imprimoit sur cet effet un caractere de discrédit effrayant pour ceux qui en étoient propriétaires. Il s'en vendit plus de dix mille en moins de quinze jours, quoiqu'il n'en existât réellement que cinq mille.

On poussa l'audace jusqu'à offrir des dividendes du semestre des six derniers mois 1784, au prix de 190 l., tandis qu'à moins d'une révolution inimaginable, il étoit certain qu'il dépasseroit 210 liv., il s'en vendit des milliers.

L'effroi étoit sur la Place ; mais personne ne soupçonnoit la trame perfide qu'on ourdissoit dans le silence & l'obscurité. Enfin M. de Calonne parut, & donna l'explication d'un mystere qui n'avoit été connu que de ses créatures ou de ses agens, & imaginé par eux, afin de mettre le public à contribution.

Il annonça à l'Administration de la Caisse d'escompte que les fonds de cet établissement étoient insuffisans pour répondre au public des billets qu'elle avoit en circulation. Il défendit despotiquement aux actionnaires de se répartir en entier leurs bénéfices. Il ordonna que le dividende, au lieu de 210 liv., seroit fixé à 150 liv., & l'excédant de cette somme mis en réserve.

Cette opération monstrueuse, qui fut précédée, ainsi que je viens de le dire, de la vente de dix mille Actions de la Caisse d'escompte, & d'un pareil nombre de dividendes, fit tomber l'Action, du prix de 8000 livres à 7000 liv. Je perdis, Monsieur le Comte, sur l'achat dont je viens de vous parler, la somme de cent quatre-vingt-un mille cinq cents livres, ci . . . . 181500 l.

Je pouvois certainement réclamer contre une force majeure qui avoit dénaturé la valeur de l'effet; je pouvois invoquer ce moyen avec avantage: mais une voix toujours plus forte que celle de la cupidité, la voix de l'honneur, m'ordonna impérieusement de satisfaire des vendeurs de bonne-foi qui n'avoient eu aucune connoissance de

181500 l.

Ci-contre . . . . 181500 l.

la machination infernale qui avoit déprécié l'Action.

J'en appelle au témoignage de toute la Place, qui fut témoin de l'opération & de la fidélité avec laquelle j'en acquittai le fâcheux résultat.

Cette breche faite à ma fortune, je m'occupai des moyens de la réparer. Je n'abandonnai point l'Action de la Caisse d'escompte quoiqu'elle m'eût été aussi funeste; j'en fis successivement de nouveaux achats, & si considérables, que sur la fin de 1785, j'en avois à payer quatre cents trente-sept à MM. Sartorius, Pachot, Jeanneret, Doerner, Gaudy, Duchesne, Devillas, Romey, Marion, Rougemont, Adamoly, Boscarry aîné, stipulant pour M. de Sainte-James, Tourton & Ravel, Pache, Delessert, Tassin, au prix

181500 l.

De l'autre part . . . . . 181500 l.

de 8000-7950 l., 7800-7750 l.; mais il étoit écrit que ma destinée me mettroit toujours en opposition avec M. de Calonne, & que ses opérations meurtrieres me ruineroient perpétuellement.

Il n'y eut pas cette année de réduction sur le dividende; mais j'eus à combattre un fléau plus pernicieux encore : l'établissement d'une Commission créée pour liquider les engagemens d'effets publics à terme; opération vicieuse sous tous les rapports, qui anéantit le crédit public, resserra l'argent, & fit tomber les fonds de 20 pour cent, à la fin de Décembre 1785, l'Action de la Caisse étoit à 6500 liv. On sait à combien d'abus ce Tribunal du despotisme a donné lieu. Il suffiroit lui seul pour faire apprécier les Commissions.

181500 l.

Ci-contre . . . . 181500l.

Je pourrois citer une foule d'injustices particulieres commises par les intrigues de gens en crédit qui tournoient à leur gré contre leurs adversaires des armes destinées en apparence à protéger l'utilité publique. Je pourrois rappeller l'étrange & scandaleuse contradiction qu'il y avoit entre le Ministre foudroyant les négociations d'effets publics par des Commissions, & le Ministre favorisant ce commerce, l'exaltant, le protégeant, l'alimentant même par des secours énormes; mais il me suffit, Monsieur le Comte, pour ne pas m'éloigner de mon sujet, de citer un abus dont je fus la victime, c'est que cette Commission, en paroissant s'occuper d'enchaîner la cupidité, ne faisoit qu'encourager la mauvaise foi.

On vit, au grand scandale du

181500l.

De l'autre part . . . . 181500 l.

commerce, une foule de ſpéculateurs, ne payer que la moitié, le quart même de leurs engagemens ; & oſer encore diſtinguer cette liquidation honteuſe d'une véritable banqueroute. Quant à moi, à qui cette audacieuſe prétention paroiſſoit ce qu'elle eſt, l'excès de la mauvaiſe foi, je ne balançai point, je retirai exactement les quatre cents trente-ſept Actions de la Caiſſe que j'avois achetées, & je perdis quatre cents quatre-vingt mille cinq cents livres, ci . . . . 480500 l.

J'étois tellement libre de me ſouſtraire à cette perte, au moins en partie, que mes créanciers vinrent preſque tous au-devant de moi avant l'échéance des termes, & me preſſerent d'accepter une liquidation à la Commiſſion, ou une remiſe volontaire, dans la crainte que je ne

662000 l.

Ci contre . . . . . . 660000 l.

pusse acquitter la totalité de la perte que j'éprouvois. Je refusai toute espece de capitulation, & je défie mes vendeurs de ne pas convenir que j'ai exactement retiré les Actions, & que je leur en ai fidèlement payé le prix.

Mes détracteurs ne disconviendront pas non plus que cette maniere d'acquitter une perte aussi considérable a eu peu d'imitateurs : au reste, elle n'a pas été suivie à mon égard, car dans le tems où j'étois écrasé par le paiement des sommes que je perdois, je fus encore obligé de transiger à la Commission avec nombre de mes débiteurs, & je perdis sur les conventions que je devois remplir pour eux 75609 l.

J'avois perdu, comme vous voyez, Monsieur le Comte, en Décembre de l'année 1785, une somme de 737609 livres, & je

737609 l.

De l'autre part . . . . . . 737609 l.

ne pouvois citer d'autre bénéfice que celui de ma premiere opération, qui m'avoit rendu 40,000 liv.

Mais je n'ai pas été quitte pour la perte de sept cents mille livres; c'est dans ces circonstances malheureuses qu'a pris naissance la haine dont M. de Calonne m'a fait sentir les cruels effets, en ameutant contre moi toutes ses créatures, pour me flétrir d'abord dans l'opinion publique, & justifier ensuite, par la réputation qu'il m'auroit donnée, toutes les vexations qu'il se préparoit à me faire éprouver.

Lorsque la réserve sur le dividende dont je viens de parler fut connue légalement, les propriétaires des Actions de la Caisse d'escompte, qui se voyoient ruinés, formerent une députation nombreuse qui porta ses douloureuses

737609 l.

réclamations

Ci-contre . . . . 737609 l.

réclamations chez tous les Ministres.

Cette députation fut sans effet ; mais j'eus le malheur d'être distingué par M. de Calonne; & comme c'étoit un crime de défendre hautement sa propriété, je n'ai jamais obtenu mon pardon.

J'ai oublié, au reste, tout le mal que cette opération meurtriere m'a occasionné, & certainement je n'en aurois pas retracé le douloureux souvenir, si je n'étois obligé de défendre à vos yeux, Monsieur le Comte, l'imprudence qu'on me reproche de m'être chargé d'un nombre d'Actions aussi considérable.

Mais ce qu'il m'est impossible d'oublier, parce que cela attaque essentiellement mon honneur, c'est la conduite que M. de Calonne a tenue à mon égard à la suite de cette

737609 l.

De l'autre part . . . . 737609 l.

députation, c'eſt la hardieſſe avec laquelle il oſe, *dans ſa lettre au Roi*, défier le citoyen qu'il a opprimé, & le ſommer de paroître.

Eh bien! ce citoyen vexé, ce citoyen opprimé, c'eſt moi.

Quel droit aviez-vous pour me faire condamner par un Tribunal hétéroclite, à payer une ſomme de 30,000 liv. ſous prétexte que *je jouois ſur les fonds publics* (1);

747609 l.

---

(1) Expreſſion impropre, & dont on a détourné le ſens. Je n'ai jamais joué ni parié ſur les fonds publics. J'ai acheté ou vendu à crédit des effets publics, dont la circulation eſt libre & autoriſée par le Prince; & comme la livraiſon de l'effet, dans mes ventes ou achats, a toujours été de rigueur, je n'ai jamais joué.

On joue en Angleterre, parce qu'on ne livre point l'effet. On ſe paie la différence qui exiſte entre le prix de la convention & celui du cours le jour de l'échéance, c'eſt un pari; mais les opérations que j'ai faites n'ont

Ci-contre . . . . 7376091.
vous seul pouvez être accusé d'avoir joué! puisque vous répandiez les trésors de la Nation,

---

aucun rapport avec ces sortes de gageures; elles ne different point des spéculations qui sont en usage dans nos ports de mer, où un spéculateur s'engage de fournir, à une échéance quelconque, de la cochenille, du cacao, du café, de l'indigo, & cependant il n'a pas un seul de ces articles dans ses magasins. Est-ce que tous les jours on ne s'engage pas de livrer, avant la récolte du bled qui est encore sur plante, du vin dont le raisin n'a pas encore été foulé?

Je soutiens qu'aucune loi n'a prononcé la nullité de pareilles conventions, que l'Arrêt de M. de Calonne, non enregistré, n'est pas une loi; je soutiens que sur une Place comme celle de Paris, chargée de six cents millions d'effets, il faut des leviers pour remuer une masse aussi considérable, & dont l'inaction causeroit la perte absolue du crédit public; je soutiens que ces leviers sont dans les seules mains des spéculateurs; mais il faut que leurs transactions soient, ainsi que tous les autres contrats, sous la protection des loix; sans ce moyen décisif, point de crédit public; je soutiens que si les spéculateurs étoient contraints pour un engagement d'effets comme pour une lettre-de-change, ils ne se livreroient qu'avec mesure & circonspection, personne ne prendroit des engagemens au-dessus de ses forces;

De l'autre part . . . . . 737609 l.

avec une profusion effrayante, pour exercer le monopole le plus odieux sur toutes les Actions ; puisque les Banquiers *de ce nouveau pharaon* à vos ordres, dressoient des tables de jeu dans tous les coins de Paris, & pour attirer la multitude,

---

les malfaiteurs se retireroient, & il ne resteroit sur la place que les gens honnêtes, capables d'entretenir la rapidité de la circulation si nécessaire dans un grand Etat : je soutiens que d'annuller de pareilles conventions, c'est autoriser le vice, c'est accoutumer le Négociant à n'en plus craindre le scandale, c'est enfin déflorer le crédit de la premiere place de l'Europe ; où se paie la balance de toutes les Nations. Je ne disconviendrai point que, dans la négociation des effets publics, il s'est glissé des abus épouvantables ; mais on n'en doit attribuer l'origine qu'à M. de Calonne, qui, en ordonnant la nullité des engagemens, a enrichi les fripons, & ruiné les gens honnêtes.

Je ne disconviendrai point que, dans ces négociations, on s'est permis des manœuvres criminelles, telles que les accaparemens. Mais pourquoi, par des évocations, en interdit-on la connoissance aux Tribunaux réguliers ?

Ci-contre . . . . 737609 l.

ouvroient ſur la place mille bouches intarriſſables qui jettoient une pluie d'or, comme ſi elles avoient reçu des Dieux, ainſi que la chevre Amalthée, une corne d'abondance;

Que m'avez-vous répondu, lorſqu'appuyé d'une lettre que j'avois obtenue du Miniſtre de la Maiſon du Roi, j'ai pénétré juſqu'à vous, & que j'ai reclamé contre l'injuſtice de l'Arrêt d'une Commiſſion qui, ſans raiſons ni ſans preuves, ou plutôt contre la raiſon & contre toutes les preuves, m'ordonnoit de payer une ſomme de 30000 liv., parce que j'étois accuſé d'avoir vendu des effets publics à vos agens? que m'avez-vous répondu, dis-je? « *Que j'agiotois, qu'en Déc.* 1784 » *j'avois ameuté tout Paris contre des* » *diſpoſitions ſages & patriotiques* ».

Grand Dieu! vous l'entendez,

737609 l.

De l'autre part . . . . 737609 l.

& quelles étoient donc ces dispositions sages & patriotiques ?

La réduction d'un dividende qui devoit faire tomber à 7000 l. une Action dont vos agens avoient vendu des milliers à 8000 liv. pour mettre à contribution toute la place.

Quelle étoit donc cette émeute de tout Paris ?

La réunion de vingt-cinq malheureux qu'on dépouilloit, & qui vous conjuroient, au nom de leurs enfans & les larmes aux yeux, de ne pas permettre qu'on mît les mains dans leur poche.

Ne croyez pas en avoir imposé au public, lorsque vous dites, dans votre Requête au Roi, page 78 : « *Je fis condamner même un de ceux » qui se trouvoient intéressés dans les » sociétés auxquelles j'avois remis l'ar- » gent du Trésor Royal* ».

Vous étiez si pressé d'une victime

737609 l.

Ci-contre . . . . 737609 l.

apparente pour excuser vos déprédations aux yeux du peuple alarmé, & de détourner le soupçon qui tomboit sur vous que je ne sais pas quelle eût été celle que vous auriez épargnée.

Vous étiez si pressé, que vous n'avez pas laissé à votre Commission le tems d'examiner si ceux que vous lui donniez à condamner étoient agioteurs ou non : il n'a jamais existé aucune preuve contre eux, pas même d'engagement qui servît de prétexte à leur condamnation. On ne connoît pas leur nom, puisque l'Arrêt a été rendu contre le sieur *Muguet de Saint-Didier*, tandis que la raison de commerce de ces victimes étoit *Muguet & Saint-Didier*, ce qui prouve évidemment qu'ils étoient deux associés, & *qu'il n'y avoit aucune preuve écrite contre eux.*

737609 l.

De l'autre part . . . . 7376091.

Au reste, M. Muguet que votre Tribunal a condamné, comme moi, à payer une somme énorme de 30000 liv., parce que vous le lui avez dénoncé comme un agioteur (1), méritoit si peu ce reproche que depuis votre retraite, & d'une

(1) Qu'entend M. de Calonne par ce mot agioteur? Ni MM. Muguet & Saint-Didier ni moi n'avons agioté: agiotage vient du mot italien *agio*, qui signifie plus value, ou usure.

Or je défie à M. de Calonne & à mes ennemis de prouver que je me sois jamais souillé d'un pareil crime. J'ai au contraire souvent été rançonné par l'usure, j'ai souvent, dans des momens de détresse, emprunté à un pour cent par mois, de l'argent qui sortoit des mains impures de ces especes de Cannibales qui ne s'engraissent qu'à force d'égorger des victimes.

Voilà les sangsues, voilà les vampires que l'on devroit étouffer; ce sont là les assassins qui portent dans l'obscurité des coups meurtriers au crédit public, en accaparant l'argent pour le vendre à tout prix, en absorbant tous les moyens de la Caisse d'escompte, en fabriquant à Paris pour des millions de lettres-de-change tirées de Lyon sur des Banquiers de Paris, que des prête-noms complaisans font escompter à la caisse publique.

Ci-contre . . . . 737609 l.

ſeule voix, il a été reçu Agent-de-change.

Mais laiſſons-là, Monſieur le Comte, cette affaire, qui ſera bientôt l'objet d'un Mémoire particulier, & revenons aux *diſpoſitions ſages & patriotiques de Monſieur de Calonne, dans la réſerve du dividende de la Caiſſe d'eſcompte qui fut ordonnée en Janvier* 1785.

MM. Laval & Wilfelsheim, Banquiers de Paris, étoient porteurs d'un engagement dont le nom du ſouſcripteur, qui craignoit le grand jour, étoit enſeveli ſous un cachet.

Cet engagement portoit, de ſa part l'obligation de livrer

737609 l.

De l'autre part . . . . 737609 l.

mille dividendes des six derniers mois 1784, au prix de 190 liv. MM. Laval & Wilfelsheim avoient remis de leur côté un engagement au porteur, portant promesse de les recevoir & payer à ce prix.

Le Courtier qui avoit fait la négociation, avoit répondu de son exécution, & il étoit écrit sur la convention, que les porteurs n'auroient le droit de rompre le cachet que dans le seul cas où le Courtier ne seroit pas fidele à son engagement.

Lorsque l'Arrêt de M. de Calonne, qui réduisoit le dividende à 150 liv. fut connu, MM. Laval & Wilfelsheim menacerent de porter des plaintes au Parlement, s'ils étoient tenus de remplir un enga-

737609 l.

Ci contre . . . . 737609 l.

gement qu'on leur avoit fait prendre avec la certitude de leur voler 40000 liv.

M. de Calonne, pour étouffer les ſuites de cette affaire ténébreuſe, rendit un Arrêt qui annulloit les ventes de dividendes ; mais la vindicte publique reſtoit à ſatisfaire, toute la place demandoit le nom *du nouveau maſque de fer.* Le cachet fut rompu, & quel nom ſe préſenta ? le nom de l'ami de M. de Calonne, le nom de celui qui avoit donné le plan de la réduction du dividende, le nom de celui qui avoit oſé, dans une Aſſemblée de la Caiſſe d'eſcompte, en ſoutenir la néceſſité ; le nom de celui enfin qui oſe aujourd'hui déclamer contre l'enfant auquel il a donné

737609 l.

De l'autre part . . . . . 737609 l.

le jour (1), pour le priver de ſon exiſtence, parce que ce généreux enfant, après s'être épuiſé en reconnoiſſance envers un pere prodigue & ingrat, ne peut plus nourrir ſes folles eſpérances?

En voilà ſans doute aſſez, Monſieur le Comte, pour vous convaincre *de la ſageſſe des diſpoſitions* de M. de Calonne, dans la réduction du dividende de la Caiſſe d'eſcompte; & pour vous perſuader qu'au beſoin, & comme le loup de La Fontaine, notre ſycophante ſe ſeroit volontiers affublé de l'habit de *Guillot;* auroit volontiers quitté la canne pour la houlette,

737609 l.

(1) La Caiſſe d'eſcompte.

Ci-contre . . . . 737609 l.

& la flutte pour la cornemuse. Mais convenez aussi que cette ruse n'étoit pas digne d'un grand maître & qu'il valoit autant écrire sur son chapeau :

C'est moi qui suis Guillot, Berger de ce troupeau.

Nous passerons, si vous le voulez, à la suite de mes opérations.

Les huit premiers mois de l'année 1786 furent un peu moins orageux, je fis quelques opérations dont le résultat fut en bénéfices; mais il étoit écrit dans ma destinée, *que je ne pouvois échapper aux troupes légeres de M. de Calonne.* Il sembloit qu'elles n'avoient d'autre ordre que celui d'être toujours sur mes pas, & de me forcer

737609 l.

De l'autre part . . . . . 737609 l.

par-tout à un combat inégal & meurtrier.

On se rappelle l'accaparement si justement fameux des Actions de la nouvelle Compagnie des Indes & de celles des eaux. Pour excuser cette opération vicieuse, M. de Calonne prétend que la maniere de soutenir les effets du Roi étoit de donner à la Bourse un mouvement convulsif.

Que la maniere de les accréditer étoit de donner aux Actions des Compagnies particulieres une valeur fantastique & exagérée (1);

737609 l.

---

(1) Les emprunts du Roi n'ont jamais été plus bas que lorsque l'Action des Indes fut poussée à 2000 liv., & celle des eaux à 4000 liv. On vendoit à tout prix l'effet du Roi pour sacrifier aux idoles du jour.

Ci-contre . . . . . . 737609 l.

Que tous les effets qui composent le mouvement de la Bourse, se *touchent*, *se poussent*, *se pressent*, *se repressent en tous sens*, & qu'en élevant aux nues l'Action des eaux & celle des Indes, *les effets du Roi partoient au même instant à tire-d'aîle* (1).

Je ne perdrai pas mon tems, Monsieur le Comte, à réfuter un paradoxe aussi révoltant ; je me bornerai à demander à M. de Calonne pourquoi, dans ses accaparemens, il n'a pas donné la preférence aux emprunts du Roi, *ils seroient partis*

737609 l.

---

(1) Les diverses négociations, assure M. de Calonne, dans sa Requête au Roi, page 52, qui forment le mouvement de la Bourse, se touchent toutes, & se pressent en tous sens, elles réagissent les unes sur les autres avec une telle réciprocité, qu'il est impossible qu'une partie reçoive un choc violent sans que toutes les autres s'en ressentent, & que la masse entiere en soit ébranlée.

De l'autre part . . . . . 737609 l.

au moins les premiers, & les Actions auroient suivi si elles l'avoient jugé à propos. Je fus, au reste, un des premiers enveloppés dans les filets de ce détestable monopole.

Au mois de Février 1787, un de mes amis me révéla le plan de ce hardi projet, m'en fit connoître l'auteur, les agens, & leurs ressources.

Cet ami venoit d'être mis à contribution, je crois qu'il lui en avoit coûté un million; il m'invita à me racheter.

Je trouvai l'entreprise si audacieuse, la friponnerie si manifeste, que je demandai quelques jours de réflexions. J'étois écrasé une troisieme fois par le fait de M. de Calonne : luter contre les monopoleurs, c'étoit luter contre les Dieux mêmes; les payer, sembloit à tous les gens sensés une folie, & rompre

737609 l.

Ci-contre . . . . . . 737609 l.

ſur-le-champ toutes les conventions, une juſtice.

Je ne penſai cependant pas de même : il s'agiſſoit de l'honneur, j'aimai mieux le porter juſqu'à la ſuperſtition, & je payai pour me racheter, *malgré l'Arrêt de M. de Calonne*, la ſomme de ſix cents ſoixante-dix-ſept mille cent quatre-vingt-quatre livres quatre ſols ſix deniers, (1) ci . . . 677184 l. 4 ſ. 6 d.

M. l'Abbé d'Eſpagnac a été exilé, comme l'on ſait, à la ſuite de la dénonciation de l'agiotage à l'Aſſemblée des Notables.

L'ordre du Roi lui fut ſignifié le 19 Mars 1787, à onze heures du ſoir.

Le 20 Mars 1787, entre dix & onze heures du matin,

1414793 4 6

(1) Je juſtifierai de la convention qui porte ma libération, ſi j'en ſuis interpellé.

	l.	f.	d.
De l'autre part . . .	1414793	4	9

le sieur Boscary Villeplaine, Agent-de-change, me vendit cent Actions de la nouvelle Compagnie des Indes, payables fin Avril 1787, à 1640 l. l'Action.

Au moment où je concluois ce marché (de vive voix seulement), il y avoit tout à parier que l'ordre du Roi étoit connu; & comme cet événement devoit évidemment amener une baisse considérable, j'aurois pu protester contre cette convention. En effet, tous ceux qui avoient acheté comme moi, sans savoir cette nouvelle, n'hésiterent pas à revenir contre leurs engagemens, entre autres le sieur Auriol; mais le sieur Boscary m'ayant assuré qu'il ignoroit, ainsi que

	1414793	4	6

M.

l. ſ. d.

Ci-contre 1414793 4 6

M. Monneron ſon commettant, l'ordre du Roi, ſa parole me ſuffit, & quoique le marché ne fût pas écrit, je le tins, *nonobſtant l'Arrêt de M. de Calonne*, & je perdis la ſomme de. 45000

Dans le même tems à-peu-près, je me ſuis comporté avec plus de ſcrupule encore.

J'avois été chargé par un ami d'acheter des Actions de la Compagnie des Indes pour ſon compte : j'en achetai cent du ſieur Romey, par l'entremiſe du ſieur Adamoli, courtier, & au prix de 1645 l. l'Action. Je chargeai le ſieur Adamoli de porter l'arrêté de cette opération à M. Jouty. L'a-t-il fait ? A-t-il oublié de le faire ? C'eſt ce que j'ignore, toujours eſt-il vrai que les Actions étant

1459793 4 6

	l.	f.	d.
De l'autre part . . .	1459793	4	6
tombées de 400 l., & M. Jouty m'assurant n'en avoir pas reçu l'arrêté, je ne voulus pas laisser le courtier sous le poids de cet engagement, je perdis quarante-six mille cinq cents cinquante-trois livres que je payai au sieur Romey, *nonobstant l'Arrêt de M. de Calonne*, ci	46563 l.		

Je vous prie, Monsieur le Comte, de vous rappeller de deux achats considérables d'Actions de la Caisse d'escompte, que je fis dans l'origine de mes spéculations, & sur lesquelles je perdis une somme de plus de six cents mille livres.

Sur ces Actions, j'en avois gardé quatre cents trente sept, & sur leur gage j'avois emprunté

1506356	4	6

	l.	f.	d.
Ci-contre	1506356	4	6

l'argent qui me manquoit pour en payer le prix.

M. de Calonne imagina en 1787 de créer vingt mille Actions nouvelles, pour procurer à la Caisse d'escompte quatre-vingt millions, dont dix devoient rester dans son sein pour augmenter ses opérations, & soixante-dix devoient être versées dans les coffres du Roi, & *y être toujours en représentation*, afin d'augmenter la confiance du public, & lui assurer *évidemment* le paiement des billets en circulation.

Afin d'étouffer les plaintes des Actionnaires sur la nouvelle contribution qu'on leur demandoit, on leur permit d'augmenter le travail de la Caisse, en prêtant sur le dépôt des effets

	1506356	4	6

	l.	s.	d.
De l'autre part	1506356	4	6

publics, *c'est-à-dire qu'on alloit exposer la Caisse à tous les vents, & qu'elle alloit désormais être sujette à toutes les fluctuations de crédit qu'éprouveroient les effets publics*, ce qui est arrivé.

L'Arrêt de création portoit que chaque Action ancienne auroit droit à deux nouvelles, de maniere que possesseur de quatre cents trente-sept Actions, il falloit que j'en payasse encore deux fois autant.

J'avoue que je succombois sous le poids du fardeau, j'avoue que sans confiance au Ministre, sans confiance dans l'Action de la Caisse, depuis qu'on avoit osé porter sur elle une main sacrilege, & qu'on avoit renversé les bases heureuses de

	1506356	4	6

Ci-contre . . . . . 1506356 ₶ 4 ſ 6 d

ſa conſtitution, je me croyois anéanti.

Heureuſement qu'au milieu de tant de pertes, mon crédit étoit toujours dans la plus grande activité.

Je m'arrangeai de maniere à pouvoir opérer le triplement de mes Actions, & en un moment je devins propriétaire, au lieu de quatre cent trente-ſept Actions de la Caiſſe, de plus de treize cents.

Ah! que je maudis ſouvent, Monſieur le Comte, le jour où je m'étois jeté dans un dédale d'affaires, qui ne m'offroit plus que d'affreux précipices d'où je ne pouvois ſortir que par une eſpece de miracle.

Je paſſois la moitié du jour dans le lit, j'y invoquois le

1506356 4 6

	l.	f.	d.
De l'autre part . . .	1503656	4	6

ſommeil; mais ſourd à mes prieres, je ne pouvois même en obtenir les douceurs.

Interrompu ſouvent par mes enfans dans mes profondes rêveries, je verſois des larmes de ſang ſur la deſtinée amere qui les menaçoit.

J'attendois, en tremblant, l'ouverture à la bourſe du prix de l'Action : elle s'ouvre enfin, contre toute eſpece de vraiſemblance, à 4700 livres, & bientôt l'enthouſiaſme, l'ivreſſe & je ne ſais quel preſtige la porte à 5000 l., 5200 & 5300 l. pour la fin de Décembre 1787 & Janvier 1788. Plus prompt que l'éclair, je mets en courſe tous les Agens-de change, tous

1506356	4	6

Ci-contre 1506356 4 6

les Courtiers, je ne refuse pas un acheteur, & je vends six cents soixante-cinq Actions, savoir :

175 à M. Jeaneret, Banquier à Paris.

100 à M. Escher, de Zurich.

150 à M. Terrasse, de Lyon.

40 à M. Romey, à Paris.

25 à M. Vertmuller, de Zurich.

100 à M. Duvernois, Banquier à Paris.

75 à M. L***.

665

Mais malgré la précipitation que je mis à me débarrasser de plus de la moitié du fardeau, je n'avois fait que la moitié de

1506356 4 6

De l'autre part 1506356 4 6

ma course, & je ne trouvois plus d'acheteurs.

Je fis proposer à celui qui avoit en dépôt mes Actions de liquider avec moi la partie que je n'avois pas vendue. Il y consentit; de maniere qu'en 1787 je n'avois plus heureusement aucune action de la Caisse, & la perte que j'avois faite sur ces mêmes Actions étoit réparée, à 100000 l. près, si mes acheteurs étoient aussi fideles à leurs engagemens que je l'avois été aux miens.

Je bénissois le ciel, Monsieur le Comte, d'avoir couronné ma constance par un succès aussi inattendu; mais je n'étois pas à la fin de mes malheurs, le ciel grondoit encore.

1506356 4 6

		l.	f.	d.
Ci-contre		1506356	4	6

La plupart de ceux qui avoient acheté de moi des Actions de la Caisse, à 5300, 5200 & 5000 livres, voyoient avec effroi arriver le moment où ils alloient être obligés de les retirer, & cherchoient d'avance des moyens de se soustraire à leurs engagemens.

Plusieurs se réunirent, & comploterent de me faire éloigner de Paris.

Je fus dénoncé au Ministre comme ayant provoqué, par des manœuvres, la baisse de l'Action de la caisse. *Personne cependant n'avoit autant d'intérêt que moi à la hausse.*

Un de ceux qui avoient acheté une partie des Actions que je

	1506456	4	6

	l.	f.	dr
De l'autre part	1506356	4	6

traînois péniblement après moi, depuis la fin de 1786, soumit à M. le principal Ministre les conventions que j'avois signées ; & celui-ci, sans faire attention que c'étoit un débiteur qui sollicitoit une injustice contre un créancier *plus facile à éloigner qu'à payer*, sans examiner si j'avois pu ou dû vendre ces Actions, lança contre moi un ordre ministériel. Je fus exilé à Lyon.

Je demandai sur-le-champ au Ministre une audience, & je l'obtins.

Je lui présentai un acte pardevant Notaire qui constatoit en ma faveur la propriété de treize cents Actions de la Caisse, & je lui démontrai évidem-

1506356	4	6

	l.	f.	d.
Ci-contre	1506346	4	6

ment que j'avois pu & dû vendre.

Quelle abominable inquisition, Monsieur le Comte, je suis obligé de justifier d'un droit pour vendre ou acheter un effet, parce que des Ministres sans talens ont perdu la confiance du public, & parce que le soin de leur réputation, & celui de tranquilliser leur amour-propre les oblige d'attribuer à des causes étrangeres les effets de leur impéritie.

Le Ministre, au reste, ne put résister à l'évidence de mes raisons, mais en même-tems il me dit qu'il étoit sans exemple que les ordres du Roi n'eussent pas leur exécution ; *que cependant*

	1506346	4	6

	l.	f.	d.
De l'autre part	1506356	4	6

il me permettoit de rester dans les environs de Paris.

Je m'abstiendrai, par respect, de toute espece de réflexion sur cette réponse; mais daignez, Monsieur le Comte, jetter les yeux sur la position d'un homme chargé d'engagemens, auquel on enleve son crédit, daignez apprécier le tort irréparable que mon absence m'a occasionnée.

D'abord le sieur Terrasse à qui j'avois vendu cent cinquante Actions de la Caisse d'escompte, à 5000 liv. & qui, par le résultat de cette opération, me doit 105549 livres, a cherché un prétexte dans mon absence, & il ne me paie pas,

	156356	4	6

Ci-contre 1506356 4 6
graces à l'Arrêt de M. de Calonne.

Voilà un des premiers dommages que m'a occasionné un ordre rendu contre moi sans examen & à la sollicitation de mes débiteurs ; malheureusement ce n'est pas encore le seul.

Le sieur Duvernois, Banquier à Paris, avoit acheté de moi, comme le sieur Terrasse, cent Actions de la Caisse, au prix de 5000 liv. Il n'a pas voulu les retirer; il me doit environ 72000 liv. qu'il ne me paie pas, *graces à l'Arrêt de M. de Calonne.* Le sieur Gorneau, Procureur aux Consuls, m'a offert de sa part 5000 livres que j'ai refusées.

Vous voudrez bien obser-

1506356 4 6

De l'autre part . . . . 1506356 l. 4 s. 6 d.

ver, Monsieur le Comte, que le sieur Duvernois, originaire de la Suisse, & Banquier à Paris, avoit acheté ces Actions par commission, & pour quelqu'un de sa Nation; qu'il a reçu de ses commettans le prix de 5000 liv. auquel il avoit acheté chaque Action de moi; qu'en ne les retirant pas à 5000 liv., & les achetant sur la place à 4280 liv., il met dans sa poche la somme de 72000 liv. qu'il me retient.

Vous voudrez bien observer encore que si ces débiteurs infideles n'espéroient pas d'obtenir la nullité de leurs engagemens, *attendu l'Arrêt de M. de Calonne*, j'aurois été payé à l'échéance de nos conventions; & j'ai raison de dire que cet

1506356 4 8

	l.	f.	d.
Ci-contre . . . :	1506356	4	6

Arrêt a enrichi les fripons & ruiné les honnêtes gens, puisque j'ai acheté les mêmes Actions que j'ai vendues aux sieurs Terrasse & Duvernois, & que je les ai payées dans un tems où elles me donnoient encore plus de pertes qu'ils n'en éprouvent.

Le sieur Escher, de Zurich, devoit recevoir cent Actions de la Caisse à 5300 l. Par le résultat de cette opération, il me devoit 120000 liv.; j'ai reçu, par accommodement, & *graces à l'Arrêt de M. de Calonne*, 25000 liv.

Le sieur Vertmuller, de Zurich, n'a point retiré vingt-cinq Actions de la Caisse. Il me doit 25000 liv. qu'il ne me paie pas, *graces à l'Arrêt de M. de Calonne.*

1506356	4	6

*

	l.	f.	d.
De l'autre part . . .	1506356	4	6

Dans les premiers jours de Janvier 1788, j'obtins de M. l'Archevêque de Sens la révocation de la lettre-de-cachet, & je rentrai à Paris.

Mon appartement étoit à louer depuis long-tems, & j'avois résolu de quitter un genre d'affaires qui n'étoit pas fait pour moi; mais je ne pouvois échapper à ma destinée; il étoit écrit sans doute que je n'avois résisté par mon courage & ma fidélité à de grands malheurs, que pour succomber à de plus grands encore.

Je croyois être libéré avec M. Haller d'une somme de quatre cents mille livres que je lui devois, & pour laquelle j'avois pris des arrangemens avec un ami qui, pressé lui-même par

1506356	4	6

un

	l.	f. d.
Ci-contre	1506356	4 6

un besoin impérieux, & victime, ainsi que moi, de la mauvaise foi de ceux qui ne le payoient pas, n'avoit pu m'acquitter. Je croyois recevoir de M. Grimoult une somme de quatre-vingt-quatorze mille cent cinquante livres qu'il me devoit, en Décembre 1787, & Janvier 1788; mais je fus obligé de transiger avec lui, de me contenter de 40000 liv. en son billet, payable à deux années (1), *c'est-à dire de perdre 54150 liv. graces à l'Arrêt de M. de Calonne.*

(1) J'avois vendu à M. Grimoult,

Deux cents Actions des Indes, payables en Décembre 1787, à 1450 l.	290000 l.
Quinze Actions de la Caisse d'escompte, à 5300 l.	79500 l.
Deux cents Actions des Indes, à 1400 liv.	280000 l.
	649500 l.
Ces Actions vendues à l'échéance des conventions, n'ayant produit que la somme de . .	528350 l.
M. Grimoult me devoit	121150 l.

De l'autre part . . . . 1506356 l. 4 s. 6 d.

De retour à Paris, Monsieur le Comte, il fallut renoncer au

Mais comme j'étois son débiteur, pour solde d'ancien compte, de. . . . . 27000 l.

M. Grimoult ne devoit plus que. . . . . . . 94150 l.

Pour s'acquitter de cette somme, il me remit son billet à mon ordre payable à deux années, de 40000 liv.

On observera que je venois tout récemment d'intéresser M. Grimoult dans une opération sur laquelle il avoit gagné une somme de 103000 liv. que je lui avois payée dans son entier; qu'en reconnoissance il m'avoit associé à une de ces combinaisons sur laquelle il m'avoit fait perdre 70000 liv. Il ne disconviendra pas que je l'avois payé aussi exactement lorsque je l'enrichissois, que lorsqu'il m'appauvrissoit.

M. Grimoult débite aujourd'hui qu'il m'a compté une somme de cent quarante-six mille livres sur des conventions dont je ne lui ai pas payé le résultat. Je le prie de se souvenir que je suis porteur de plusieurs engagemens souscrits par lui, auxquels de son côté il n'a point satisfait, & qui balancent certainement ceux qu'il a de moi; je le prie encore de ne pas oublier qu'en Février, Mars & Avril 1788, presque toutes les pertes dont j'ai payé les funestes résultats, ont été acquittées dans ses mains & à son profit; que cette prétendue somme de 146000 liv. ne résulte en partie que des bénéfices qu'il a fait sur moi; & en attendant que j'en donne le tableau, M. Grimoult me permettra sans doute de lui rappeller que sur une seule partie d'Actions de la Caisse d'escompte, & d'Actions des Indes que je lui avois vendues, il m'en avoit coûté soixante-trois mille huit cents vingt-neuf livres.

	l.	f.	d.
Ci-contre	1506356	4	6

projet de quitter les affaires, mais mes ressources n'étoient plus les mêmes. 672000 livres de moins à la fin d'une année, des pertes énormes à récupérer, des procès dégoûtans à suivre, un crédit ébranlé par les coups redoublés que la mauvaise foi n'avoit cessé de lui porter; quel parti me restoit-il à prendre?

Celui, sans aucun doute, que prend le navigateur lorsque son vaisseau, battu par la tempête, & faisant eau de toutes parts, ne lui laisse d'autre espérance que celle d'un miracle pour le sauver, & qui cependant continue sa route. Je la continuai en effet; mais mon vaisseau ne marchoit plus, & tous les mouvemens qu'il faisoit n'étoient que des mouvemens rétrogrades qui

	1506356	4	6

	l.	f.	d.
De l'autre part . . .	1506356	4	6

m'éloignoient toujours de la terre, & me portoient continuellement sur les écueils.

Je ne signai pas un engagement dans les quatre premiers mois de 1788, qui ne devînt pour moi la source d'une perte & d'une perte excessive.

Il fallut recourir à tous les moyens possibles pour se procurer de l'argent, & pouvoir payer. Je les mis tous en pratique. Des contrats déposés en gage, des rentes viageres transportées, une argenterie considérable donnée en nantissement; enfin je prouverai, quand on le voudra, que les mois de Janvier, Février, Mars & Avril 1788 m'ont coûté 800000

Je supprimerai les détails de cette perte, parce que ses résultats ont presque toujours été acquittés par des Agens-de-

	2306356	4	6

	l.	f.	d.
Ci-contre	2306356	6	4

change dont j'invoque & les registres & la mémoire.

Je m'adresserai même pour cela à quatre de ces Messieurs, avec lesquels je suis en instance, MM. Bouchet, Roche, Garrison, Orry.

J'invoquerai, s'il le faut encore, le témoignage de deux autres Agens-de-change avec lesquels je n'avois, pour ainsi dire, aucune relation d'affaires, MM. Madinier & Destouches.

J'acquittai au sieur Destouches, en Mars 1788, une perte de 30000 liv.

Au sieur Madinier, le 28 Avril 1788, deux jours avant mon départ (1), une autre perte de 20000 liv.

---

(1) Mes ennemis ont poussé l'audace jusqu'à m'accuser d'avoir reçu de l'argent de toutes mains, & d'être sorti de Paris avec des trésors ; la place n'a donc pas été témoin des

	l.	s.	d.
De l'autre part . . .	2306356	4	6

La précipitation que j'ai mise, Monsieur le Comte, à vous écrire, m'a fait oublier une infinité de pertes auxquelles j'ai satisfait à leur échéance; j'en rappellerai ici quelques-unes que la mémoire me fournit : quoique sous une date plus récente, elles n'auront pas moins le mérite de déposer de ma fidélité dans tous les tems.

M. de Saint-Firmin me devoit, sur la fin de Décembre 1786, deux cents Actions de la nouvelle Compagnie des Indes, au prix de 1600 liv., je les vendis à M. E. Claviere pour la même époque & au même prix.

	2306456	4	6

efforts inouis que j'ai faits pour payer ? & des pertes acquittées la veille de mon départ, n'attestent donc pas assez ma fidélité ?

	l.	f.	d.
Ci-contre	2306456	4	6
Je n'avois par conféquent ni perte, ni bénéfice fur cette opération. Le monopole que M. de Calonne fit exercer fur les Actions de cette Compagnie éleva fubitement cet effet du prix de 1600 l. à celui de 2100 l.			
M. de Saint-Firmin, *graces à l'Arrêt de M. de Calonne*, fe difpenfa de tenir fon engagement, & de me fournir les deux cents Actions.			
Je fus obligé de les acheter, à fon défaut, fur la place, à 2100 liv. pour les fournir à M. Claviere à 1600 liv.; il m'en coûta cent mille liv. que je payai, *nonobftant l'Arrêt de M. de Calonne*, ci	100000		
Par le réfultat de deux achats d'Actions de la Caiffe que j'avois faits de M. le Comte de Proli,			
	2406356	5	6

	l.	f.	d.
De l'autre part	2406456	4	6
j'ai payé à M. Baroud son cessionnaire, en Janvier 1787, & en Avril de la même année, *nonobstant l'Arrêt de M. de Calonne.*	44926	12	6
J'ai perdu, avec M. Auriol de la Logerie, par le résultat d'une opération sur des Actions de la Caisse & de la Compagnie des Indes, que je lui avois vendues, & qu'il n'a pas retirées, la somme de quarante mille livres qui ne m'a pas été payée, *graces à l'Arrêt de M. de Calonne*, & que j'ai remboursée, *nonobstant cet Arrêt*, ci	40000		
	2491382	17	

Voilà, Monsieur le Comte, le tableau en abrégé des pertes que j'ai faites : si ma mémoire eût été fidelle, il eût été plus effrayant encore ; voilà les titres honorables, je puis prononcer le mot que j'ai à opposer à des ennemis qui me calomnient ſans pudeur, & à la crédulité qui les a écoutés trop légérement.

Si des dépoſitaires infideles me retiennent de toutes parts les fonds que je leur ai confiés ;

Si mes débiteurs en ne me payant pas mettent un obſtacle invincible à ma libération ;

Si la juſtice, je puis le dire, me refuſe ſon appui, parce qu'on cherche à la tromper ;

Faut-il que tout ce que j'ai fait pour mériter le titre d'homme ſuperſtitieuſement honnête ſoit perdu? Faut-il qu'on oublie qu'en dépit d'un accaparement prouvé, qu'en dépit d'un Arrêt que tout le monde invoquoit, j'ai payé plus de deux millions quatre cents mille livres ſur des conventions qu'on ſe fait aujourd'hui un jeu de ne pas tenir? Faut-il enfin que chacun de mes débiteurs, pour ſe ſouſtraire à leurs engagemens, & excuſer leur infidélité, répandent contre moi ſur la place mille menſonges groſſiers.

Voyons maintenant, dans le récit des faits que je vais rapporter, le tableau bien différent, & cependant très-exact, de la conduite de mes adverſaires dans les quatre premiers mois de l'année 1788.

J'en ai plusieurs qui se sont conduits avec moi d'une maniere si étrange, que les gens les plus modérés ne pourroient l'expliquer que par le mépris le plus insolent de la bonne-foi & de la décence.

A leur tête figure l'adversaire que j'attaque en ce moment, le sieur Rybes, Receveur général des Finances, & connu par l'emploi habituel qu'il a fait de ses fonds dans le commerce des effets publics ; mais je dois vous entretenir auparavant, Monsieur le Comte, d'une grande opération ministérielle à la fatalité de laquelle je n'ai pu échapper, & qui a mis le comble à tous mes malheurs.

Tout le monde sait que dans les premiers mois de l'année derniere, Monsieur l'Archevêque de Sens étoit pressé par le besoin d'argent ; qu'il étoit privé du secours de l'emprunt comme de celui de l'impôt ; qu'il étoit réduit à la ressource meurtriere des anticipations, sur le point même de la voir échapper ; qu'il étoit enfin conduit, par la force des circonstances, à l'affreux expédient d'une banqueroute partielle ou totale.

Il se détermina à se procurer quatre-vingt

millions par une création d'Actions de la Caisse d'escompte & de la nouvelle Compagnie des Indes.

Le calcul des deux opérations étoit tel que les deux Compagnies y trouvoient un bénéfice réel, en ce qu'on accordoit à l'une des droits inutiles à détailler ici, & à l'autre un nouveau genre de travail; de sorte que par ce double projet, on fournissoit au Roi quatre-vingt millions, on épargnoit au peuple toute charge directe & indirecte, & on faisoit l'avantage même des prêteurs. En conséquence, la distribution du dividende de l'Action de la Compagnie des Indes fut suspendue.

Il fut convenu que M. ***, confident de l'opération, engageroit quelqu'un de confiance à vendre les Actions qui alloient être créées.

Malheureusement on jetta les yeux sur moi, & le secret de cette affaire me fut confié par un ami de M. ***.

Je me chargeai donc de la commission de vendre les Actions, & la fidélité qu'on avoit toujours observée dans la tenue de mes engagemens me rendit l'opération facile, j'en plaçai la plus grande partie.

Mais comme il n'eſt pas toujours aiſé d'éclairer les hommes ſur leurs véritables intérêts ; comme la poſſeſſion du préſent les porte facilement à traiter de chimere leur bien à venir ; lorſque le plan de M. l'Archevêque fut connu, il n'eſt point d'intrigues que les Actionnaires de l'une & l'autre Compagnie n'aient employées, point de reſſorts qu'ils n'aient fait jouer pour faire avorter ce projet, & ils y réuſſirent.

Il en réſulta pour moi, à la vérité, Monſieur le Comte, une perte immenſe ſur les ventes d'Actions que j'avois faites (perte d'autant plus peſante que perſonne, oui, perſonne n'a pu encore en partager le fardeau) ; mais il en eſt réſulté auſſi,

1°. Que M. l'Archevêque a fini par cauſer au Roi le plus cruel chagrin qu'il ait jamais éprouvé, celui de ſuſpendre des engagemens qui étoient plus reſpectables encore à ſes yeux qu'aux yeux même des créanciers de l'Etat.

2°. Que les Actions des deux Compagnies réclamantes ont énormément baiſſé à la publication de l'Arrêt du 16 Août.

Je demande maintenant aux Conſeils dont M. l'Archevêque de Sens étoit entouré, qui ſeuls connoiſſoient le danger de ſe priver d'une reſſource unique de quatre-vingt millions, comment ils ont pu donner au Miniſtre le conſeil perfide de n'en pas uſer, & de préférer de rendre l'Arrêt du 16 Août; n'étoit-ce pas ôter au vaiſſeau la voile qui alloit le conduire au port, & déployer celle qui devoit le précipiter dans les abymes ?

Je demande aux détracteurs des deux projets, ſi M. l'Archevêque les eût adoptés ſuivant ſon intention, auroit-on vu le ſcandale qui eſt arrivé ſur la place ?

L'Action de la Caiſſe à 3600 liv.

Celle de la Compagnie des Indes à 900 l.

Et les emprunts du Roi à trente pour cent de perte ?

Je me ſuis étendu preſque malgré moi, Monſieur le Comte, ſur cette opération, parce qu'elle explique le motif des ventes innombrables d'Actions que j'ai faites dans les premiers mois de 1788, & préſente naturellement la ſource des pertes immenſes que j'ai dû faire en les livrant; mais je vous ai promis des détails ſur l'affaire de M. Rybes ; je ne vous les ferai pas attendre.

Le 31 Octobre 1787, j'empruntai du ſieur Rybes, par l'entremiſe du ſieur Doumer Bélan, Courtier, cent cinquante Actions de la Caiſſe d'eſcompte, garnies de tous leurs dividendes. Je prêtai de mon côté au ſieur Rybes une ſomme de 4300 liv. par Action.

Il eſt eſſentiel de remarquer que c'étoit-là le prix de l'Action ſur la place au moment où le ſieur Rybes traitoit avec moi.

Pour s'aſſurer plus particuliérement la reſtitution de ſes Actions, M. Ribes exigea de moi que je dépoſaſſe entre ſes mains une ſomme de 45000 l. en quatre billets de M. Baroud, à mon ordre, échéans en Décembre 1787, Janvier & Février 1788.

Il reçut donc de moi 645000 liv. pour les cent cinquante Actions, ci 645000 l.

Il convint de me payer l'intérêt de cette ſomme ſur le pied de cinq pour cent par année, cet intérêt faiſoit pour les quatre mois........ 10750 l.

Total.... 655750 l.

Je signai donc au sieur Rybes un engagement de lui restituer cent cinquante Actions de la Caisse à la fin de Février 1788 ; & le sieur Rybes me signa de son côté la promesse de me rendre, à la même époque, la somme de 655750 liv., & de me restituer en sus la somme de 45000 liv. que je lui déposois pour sûreté de ma parole.

Le 29 Février 1788, l'Action de la Caisse étoit augmentée de 200 liv., de manière que ma convention me présentoit une perte de 40250 liv. ; mais le sieur Rybes ayant reçu le montant des billets du sieur Baroud, que je lui avois remis en nantissement, & qui s'élevoient à 45000 livres, il auroit eu à me restituer pour solde (1), le 29 Février 1788, la

---

(1) En voici le calcul.

Le sieur Rybes avoit à me payer, le 29 Février 1788, la somme de. . . . . 655750 l.

A déduire pour les cent cinquante dividendes des six derniers mois 1787 que j'avois reçus. . 21000 l.

634750 l.

J'avois remis en nantissement au sieur Rybes

somme de 4750 liv., si la convention eût été liquidée entre nous.

Le sieur Rybes, dont la soif n'étoit pas encore satisfaite, me fit proposer de lui laisser la jouissance de mon argent, & de garder ses Actions jusqu'à la fin de Juillet 1788.

J'acceptai la proposition du sieur Rybes. Je gardai donc les cent cinquante Actions de la Caisse, & de son côté le sieur Rybes garda,

---

la somme de..........................	45000 l.
Total à payer par lui le 29 Février 1788..	679750 l.
J'avois de mon côté à remettre au sieur Rybes, le 29 Février 1788, cent cinquante Actions de la Caisse, dont le cours le plus haut de la Bourse du 29 Février ayant été de 4500 l. elles présentoient une valeur de...........	675000 l.
Le sieur Rybes, à cette époque, auroit donc eu incontestablement à me restituer sur les 45000 liv..........................	4750 l.

Circonstance essentielle, Monsieur le Comte, que je vous prie de retenir, pour apprécier la Sentence de Messieurs les Juges-Consuls dont je vais parler, & vous convaincre de la vérité du reproche que je fais à mes Adversaires, de surprendre la religion des Juges.

1°.

1°. La somme de . . . . . 655750 l.

2° La somme que je lui avois déposée en trois billets du sieur Baroud, dont il avoit été payé, & montant à . . . . . . 45000 l.

Il me devoit donc . . . . . 700750 l.

Sur cette somme il falloit déduire le montant des cent cinquante dividendes de l'Action de Caisse, des six derniers mois 1787 que j'avois reçu, ci . . . . 21000 l.

679750 l.

Le sieur Rybes convint de me payer l'intérêt de cette somme à quatre pour cent, du premier Mars au 31 Juillet 1788, ci . . . . 11329 l.

691079 l.

Je signai donc au sieur Rybes la prolongation de la premiere convention, & je m'engageai à lui rendre, à la fin de Juillet 1788, cent cinquante Actions de la Caisse d'escompte, avec ses dividendes, à commencer par celui des six premiers mois 1788; & de son côté le sieur Rybes signa aussi, à la suite de la premiere convention, l'obligation de me payer, le 31 Juillet 1788, la somme de 691079 liv. contre la restitution des cent cinquante Actions de la Caisse d'escompte (1).

Le sieur Rybes fit plus, il exigea que pour la sûreté de la restitution des cent cinquante Actions, je lui remisse quatre de mes billets endossés par M. Baroud, & montant ensemble à 40500 liv. échéans en Mars, Avril, Mai & Juin 1780.

Je fis encore avec le sieur Rybes une autre opération du même genre, dont je dois également vous rendre compte.

Dans le mois de Mars 1788, le sieur Rybes me prêta cent autres actions de la caisse d'escompte; & de mon côté, sur chaque Action, je lui prêtai la somme de 4440 liv., le tout montant à 440000 liv. Le sieur Rybes ne voulut me tenir compte d'aucun intérêt sur

---

(1) Voici comment le sieur Rybes s'exprime : « Je » soussigné, Rybes, consens à prolonger jusqu'au 31 » Juillet prochain fixe l'engagement ci-derriere ».

cette somme; mais toujours attentif & prompt à se procurer des sûretés, il exigea que je lui comptasse une somme de 6000 liv. pour caution de mon exactitude à lui rendre les nouvelles Actions de la Caisse.

Il exigea encore que nous joignissions dans l'engagement cette somme de 6000 l. à celle de 444000 liv.; car il ne vouloit plus qu'il restât de traces des sommes qu'il m'avoit forcé à lui donner en nantissement.

Il me signa donc la reconnoissance que voici.

« Le 31 Juillet 1788 prochain fixe, je » paierai à M. Duplain de Sainte-Albine la » somme de quatre cents cinquante mille » livres, contre la livraison qu'il me fera à » la même époque de cent Actions de la » Caisse d'escompte, garnies de tous leurs » dividendes actuels, que je lui ai prêtées. Fait double à Paris le 14 Mars 1788, signé Rybes.

Ne perdez pas de vue, Monsieur le Comte, que des trois engagemens que je viens de détailler, il résulte que le sieur Rybes a reçu de moi, pour garantie,

1°. La somme de . . . . . . 45000 l.
2°. Celle de . . . . 40500 l.
3°. Celle de . . . . 6000 l.

Et par conséquent en totalité . 91500 l.

Après vous avoir présenté le tableau des opérations que le sieur Rybes a faites avec moi, je vais vous exposer la conduite détestable qu'il a tenue en conséquence & à la suite de ces opérations. Cet historique est également frappant sous trois rapports: 1°. celui de la barbarie du sieur Rybes à mon égard; 2°. celui de la bassesse & de la mauvaise foi de sa défense judiciaire; 3°. Celui de l'incohérence du jugement de MM. les Consuls.

Pour mieux apprécier d'abord les procédés du sieur Rybes, il est important que vous remarquiez, Monsieur le Comte, que par le prix de l'Action de la Caisse sur la Place, il est toujours resté mon débiteur; qu'au moyen d'un million cent quarante un mille soixante-dix-neuf livres qu'il me devoit contre la restitution de deux cents cinquante Actions, il se trouvoit que je lui avois avancé plus de 4560 livres par Action, & que dans l'intervalle du mois de Mars au mois de Juillet 1788, l'Action ne s'étant jamais élevée au-dessus de 4500 l. à 4520 l., le sieur Rybes a toujours eu dans ses mains une plus value de 12 à 15000 liv., outre les billets montant à 40500 liv. que je lui avois remis en nantissement, il n'avoit donc absolument aucune raison pour me demander le paiement de ces billets, & encore moins pour me poursuivre.

Je ne sais pas de réponse à cela.

Eh bien ! croiriez-vous que le sieur Rybes, après avoir exigé, même avant l'échéance, le paiement des trois premiers billets, & l'avoir reçu, me poursuivit sous prétexte de mon absence & dès le mois de Mai, de la maniere la plus atroce pour le paiement du quatrieme, celui de 10500 l. qui n'arrivoit à échéance que le 30 Juin ?

Ma femme eut beau lui faire les représentations les plus vives ; mes amis eurent beau lui observer que ce billet n'étoit pas échu, que sa valeur ne seroit entre ses mains qu'un argent inutile, puisqu'à l'échéance de son obligation, c'est-à-dire en Juillet suivant, il faudroit restituer non-seulement ces 10500 liv., mais encore les 30000 liv. qu'il avoit reçues, le barbare se garda bien de prêter l'oreille à la justice. Il avoit formé le projet, frémissez-en, Monsieur le Comte, de m'anéantir, de dévorer la substance de trois malheureux enfans, de les réduire à la plus affreuse indigence.

Il avoit formé le complot de réaliser d'abord tous mes billets, de faire vendre mes meubles, de chercher à constater une faillite, d'épouvanter mes créanciers, d'acheter d'eux à vil prix les titres qu'ils avoient contre moi, & de les compenser ensuite avec les billets dont il auroit extorqué le paiement.

Je tiens de M. Moelle, Courtier, que M. Dutremblay a vendu au sieur Ribes une créance à quatre-vingt-dix pour cent de perte, je tiens de M. Audras, que le sieur Rybes n'eut pas honte d'offrir 10000 l. d'un billet de 30000 liv. que j'ai souscrit.

Retirez, retirez, Monſieur Dutremblay, ces créances que vous avez vendues à vil prix ; vous avez été trompé, & je vous jure que vous ſerez payé ; laiſſez moi le tems de confondre mes débiteurs, la juſtice ne ſera pas toujours ſourde à ma voix, *un grand déſordre amene infailliblement le bon ordre.*

Le ſieur Rybes, effectivement, ne s'écarta point de ſon projet infernal, mes meubles furent ſaiſis par ſon prête-nom le ſieur Tourroude, il les fit vendre juſqu'au dernier, il fit vendre mon lit même, & chaſſa ma femme de chez elle.

Voilà, Monſieur le Comte, les adverſaires que j'ai à combattre ; voilà les hommes qui, toujours eſcortés, comme Catilina, d'une troupe d'aſſaſſins dont ils paient les clameurs, environnent de toutes parts les Juges, & font paſſer dans leur ame & malgré eux, leurs cris pour ceux de l'indignation publique.

Vous avez-vu, Monſieur le Comte, combien malhonnête, combien inhumain a été le ſieur Rybes dans ſa conduite particuliere avec moi; suivons à présent ses procédés judiciaires, il va développer aux Consuls ses principes sur la maniere d'acquitter ses engagemens, & de réparer ses torts.

Sur la fin de Juillet 1788, je cédai, par acte authentique, au sieur Haller dont j'étois débiteur, *ainsi que je l'ai dit*, les divers engagemens du sieur Rybes, envers moi. Je lui remis les deux cents cinquante Actions de la Caisse d'escompte, & je le chargeai d'en recevoir le montant.

Le 31 Juillet donc, le sieur Haller, suivant notre convention, fit offrir au sieur Rybes les deux cents cinquante Actions de Caisse contre la somme de 1101079 livres; car quoique les engagemens fissent ensemble 1141079 liv., il falloit en déduire le montant des dividendes des six premiers mois 1788 que j'avois reçu, & qui, à raison de 160 liv. chacun, faisoit une somme de 40000 livres. Le sieur Rybes refusa de recevoir & de payer.

Assigné devant MM. les Juges-Consuls, il a eu la bassesse de demander,

1°. Que la convention passée entre nous dans le mois d'Octobre 1787, & échue le 29 Février 1788, fut réputée terminée & valable à son égard, *malgré l'Arrêt de M. de Calonne, qui en prononçoit la nullité;* qu'ainsi la somme de 45000 livres (1) que je lui avois déposée en nantissement lui restât irrévocablement acquise.

2°. Que la prolongation de cette même convention, échéant en Juillet 1788, fût regardée comme non avenue, & fût annullée, en vertu *de l'Arrêt de M. de Calonne*, & qu'il

---

Sur quel fondement le sieur Rybes demande-t-il que la somme de 45000 liv. lui reste irrévocablement acquise? Pourquoi feint-il d'oublier que si nous eussions liquidé cette convention le jour de son échéance (le 29 Février 1788), il ne lui revenoit pas 45000 livres, mais seulement 40250 liv.? Qu'il démente, s'il l'ose, qu'il démente, s'il le peut, la vérité du calcul du folio 64? *calcul qui ne lui avoit point échappé & dont cependant il ne parloit pas.*

fût autorisé à garder mon argent, en abandonnant ses Actions.

3°. Que le prêt de la somme de 450000 l. que je lui avois fait dans le mois de Mars, sur le nantissement de cent Actions de la Caisse d'escompte, & remboursable le 31 Juillet 1788, contre la restitution des Actions, fut également annullé, *en vertu de l'Arrêt de M. de Calonne*, & qu'il fût autorisé à garder mon argent, en m'abandonnant ses Actions (1), offrant de me restituer la somme de 40500 liv. (2), sur celle de 91500 liv. que je lui avois donnée en nantissement.

---

(1) Parce que les deux cents cinquante Actions de la Caisse d'escompte que le sieur Rybes devoit retirer, valoient 55000 l. de moins que la somme que je lui avois prêtée.

(2) Dans les 40500 liv. qu'offroit de me restituer le sieur Rybes, étoit compris ce billet de 10500 livres en vertu duquel il venoit de faire vendre mes meubles, mon lit, & chasser ma femme & mes enfans de leur domicile.

Il est bien essentiel d'observer que ce billet de 10500 l. ainsi que les trois premiers formant trente mille livres, n'étoient dans les mains du sieur Rybes qu'un nantisse-

Eh bien, Monsieur le Comte, pourriez-vous vous persuader que ces conclusions ont été sérieusement prises devant MM. les Juges-Consuls ? pourriez-vous croire qu'elles ont été été suivies dans tous leurs points ?

L'Arrêt de M. de Calonne rendu en 1786 qui a décidé ce Jugement, n'avoit point force de loi en Février 1788, lorsqu'il falloit attribuer à un homme injuste ce que je ne lui devois pas; mais il étoit dans toute sa plénitude, lorsque je demandois, le 31 Juillet, ce qui m'étoit légitimement & incontestablement dû.

---

ment qui lui répondoit de l'exécution du traité signé double entre nous : or le sieur Rybes a eu la précaution d'exiger que, vû mon absence, ce gage fût réalisé dans ses mains, même avant l'échéance; il a usé, pour y parvenir, des moyens les plus odieux; & c'est après avoir *palpé* trente mille livres qu'il ose présenter notre convention comme un engagement illusoire qu'il peut éluder impunément.

Je lui demande s'il m'eût rendu la somme de 30000 l. qu'il avoit exigée, ainsi que le billet de dix mille cinq cents livres endossé par M. Baroud, dans le cas où l'événement de notre traité en eût absorbé la valeur à son profit.

Enfin l'aveuglement que donnoit la prévention étoit si grand, que Messieurs les Juges, en accordant au sieur Rybes toutes ses conclusions, n'ont pas même pris la peine de réfléchir qu'en lui concédant en Février la propriété de mes nantissemens, c'est-à-dire 45000 liv., ils lui attribuoient plus que la liquidation de cette convention, si elle eût été faite à cette époque, ne lui auroit donné, puisque le sieur Rybes ne pouvoit réclamer dans ce cas que 40250 l. (Voyez la note du folio 64).

Je crois, Monsieur le Comte, avoir déjà acquitté une partie de vos engagemens.

Je crois que personne ne doute aujourd'hui que le sieur Rybes est réduit dans ses moyens de défense, à demander qu'il lui soit permis de me restituer les billets qui ont servi de prétexte à ses exécutions révoltantes.

Existe-t-il sur la terre un second exemple d'une scélératesse de ce genre.

Un débiteur pourſuivre ſon créancier; un débiteur chaſſer une femme & des enfans de leur domicile; un débiteur, en foulant aux pieds toutes les loix divines & humaines, faire vendre jusqu'au lit de ſon créancier, jusqu'à celui de ſes malheureux enfans; & lorſqu'il a livré au pillage ſon habitation, oſer, avec un viſage ſerein, offrir à la juſtice de rendre à ſa malheureuſe victime la torche encore fumante avec laquelle il a incendié ſa maiſon; & la loi reſtera muette, & la juſtice écoutera de ſang-froid le récit d'un délit effroyable; & un pere de famille, uue femme, des enfans dépouillés de leur exiſtence reſteront à venger!

Non, non, Monſieur le Comte, tranquilliſez votre ſenſibilité alarmée, tranquilliſez celle des gens honnêtes qui ont la bonté de m'écouter.

On a déjà bien fait des efforts auprès des Magiſtrats ſaiſis de mon appel, pour ſurprendre leur religion & les prévenir contre moi; mais c'eſt en vain.

La calomnie que je n'ai pas encore contredite, la calomnie à laquelle j'ai peut-être laissé prendre trop d'empire en habitant malgré moi la province, a donné, je le sais, de l'avantage à mes ennemis; mais je n'en ai pas été effrayé. L'esprit de prévention ne dicta jamais les décisions du Tribunal auguste qui va me juger; je sais qu'elles ne sont jamais le fruit des sollicitations importunés; je sais qu'elles n'obéissent jamais aux vœux d'une honteuse cabale; je sais qu'elles n'eurent jamais pour base que la loi & l'équité; je sais que le Magistrat qui rend l'oracle, ne redoute ni le poids du remords, ni le cri de celui qu'il condamne.

Il vient d'être rendu au Parlement un premier Arrêt interlocutoire, dans lequel la Cour, sans s'arrêter à la nullité des conventions prononcée par MM. les Juges-Consuls, permet au sieur Haller de faire vendre les deux cents cinquante Actions de la Caisse d'escompte, & a commis à cet effet le sieur Destouches Agent-de-change.

Voilà, Monsieur le Comte, tous les détails que je pouvois vous donner sur cette affaire étonnante ; vous y avez vu de mon côté toujours la même févérité de principes, toujours la même fidélité dans la tenue de mes engagemens.

Vous m'avez vu, dans le mois de Février 1788, perdant quarante mille livres, ne pas fonger un feul inftant que j'avois derriere moi une fauve-garde (*l'Arrêt de M. de Calonne*) ; & du côté de mon adverfaire que n'avez-vous pas vu.... Mais effaçons, s'il fe peut, un fouvenir qui fait bouillonner mon fang & dreffer mes cheveux fur ma tête. Paffons à mes autres adverfaires, les fieurs *Bouchet*, *Roche*, *Orry*, *Garriffon*, Agents-de-change, *Caroillon*, *Marion*, *Doumer*, &c. &c.

Le fieur Bouchet.

Le fieur Bouchet étoit un des Agents-de-change que j'employois le plus fouvent. J'avois dépofé dans fes mains, en argent ou en effets, la fomme de quatre cents quarante-fix mille cinq cents quatre-vingt-huit livres fept fols.

Je ſuis porteur des reconnoiſſances du ſieur Bouchet. Je l'ai fait aſſigner aux Conſuls, il y a environ neuf mois, à me reſtituer cette ſomme.

Le ſieur Bouchet a répondu qu'il avoit un compte à faire; qu'il étoit porteur d'une convention ſignée de moi, portant promeſſe de livrer dix-huit cents vingt cinq Actions de la Compagnie des Indes, dont la liquidation me donnoit de la perte.

Meſſieurs les Conſuls ont renvoyé cette affaire pardevant arbitres.

Dix arbitres, au moins, les uns après les autres, ſe ſont récuſés à la ſollicitation du ſieur Bouchet. Enfin je demande *à cor & à cri* un jugement & je ne puis l'obtenir.

Je dis au ſieur Bouchet :

« J'ai produit vos reconnoiſſances, qui vous » conſtituent mon dépoſitaire de 446588 liv. » 7 ſous.

» Si vous avez un compte à m'oppoſer, » appuyé de titres auſſi poſitifs que ceux en » vertu deſquels je demande la reſtitution de » 446588 liv. 7 ſ., pourquoi ne le donnez- » vous pas » ?

Je

Le sieur Roche.

J'ai en dépôt chez cet Agent-de-change, sauf omission, une somme au moins de trois cents vingt-six mille livres. Il m'a prêté trois cents quatre-vingt-quatre Actions de la Caisse d'escompte, sur chacune desquelles je lui ai remis en outre 4440 liv. en argent.

Pour sûreté de la restitution de ses Actions au 31 Juillet & 15 Août 1788, le sieur Roche m'avoit fait consigner une nouvelle somme de 60 liv. par Action, c'est-à-dire en totalité, celle de 23040 liv.

Ce qui prouvoit dans le tems que le sieur Roche avoit une bien grande envie de retirer ses Actions, puisqu'il prenoit tant de précautions pour s'en assurer la rentrée.

Cependant l'échéance des conventions arrivée, *& la scene de la Place ayant changée, c'est-à-dire, les Actions, contre l'opinion du sieur Roche, valant beaucoup moins que l'argent qu'il avoit reçu*, il a prétendu que je devois garder ses Actions, & qu'il devoit garder mon argent; sans doute ainsi que je l'ai dit,

Parce que mon argent vaut cent soixante-

quinze mille six cents soixante livres six sols dix deniers de plus que ses Actions.

Je demande au sieur Roche,

	l.		
1°. La somme que je lui ai déposée de	326000		
2°. La différence que j'ai fait constater entre le prix de ses Actions & la valeur de l'argent que je lui ai prêté sur leur nantissement, montant à	175660	6	10
En totalité la somme de .	501660	6	10

Depuis neuf mois je l'assigne, le réassigne aux Consuls; une force invisible, plus puissante que mes cris, plus puissante encore sans doute que les efforts de mon Défenseur, me repousse toujours. Enfin je n'ai pu encore obtenir qu'une Sentence par défaut.

Le sieur Doumer Bélan.

Le sieur Doumer Bélan prenoit, en 1788, la qualité de Courtier, & il ne l'étoit point.

Il tomba sur la Place de Paris, au milieu de

ce tourbillon d'hommes de toute espece qui, appellés par les opérations de M. de Calonne, se mirent à la suite des Agents-de-change, en usurperent les fonctions, & s'attribuerent le titre de *Courtier*.

Presque tous élevés sur les débris des fortunes qu'ils ont renversées, les uns par des conseils perfides, les autres par de fausses confidences, les autres enfin par des manœuvres de toute espece; la plupart ont disparu avec le Ministre, en laissant par-tout, comme lui, des monumens de désolation & de perfidie; semblables à ces nuées de sauterelles dont on ignore la patrie; dont on méconnoît l'espece, qui ravagent chaque année l'Empire du Croissant, & en se retirant le laissent en proie à la famine & à la peste.

Malheureusement pour moi le sieur Doumer n'avoit pas encore consommé le grand ouvrage de sa brillante fortune, & il nous est resté.

C'est lui à qui je dois l'origine de mes liaisons d'affaires avec le sieur Rybes; c'est lui qui m'avoit engagé de lui confier une somme énorme de 91000 l. en nantissement.

C'eſt lui qui m'avoit répondu de ſa fidélité, & garanti ſon exactitude ;

Que ſais je encore ſi ce n'eſt pas lui qui l'a dirigé dans ſa noble conduite !.

J'ai vendu au ſieur Piquet, par l'entremiſe de ce ſieur Doumer Bélan, mille Actions de la nouvelle Compagnie des Indes, payables le 31 Mai 1788, au prix de 1260 liv. chaque Action.

Le réſultat de cette opération me conſtitue dans une perte de 34500 liv. & débiteur du ſieur Piquet de cette ſomme, ci . . . . . . 34500 l.

J'avois également vendu au ſieur Piquet ſoixante-quinze Actions de la Caiſſe d'eſcompte, payables fin Juillet 1788, au prix de 4550 l.

Cette opération donne au ſieur Piquet une perte de 20550 liv. à déduire . . . . . . 20550 l.

Je redevois par conſéquent, & par le réſultat des deux opérations combinées enſemble, au ſieur Piquet, la ſomme de . . . . 13950 l.

Le sieur Piquet étoit très-satisfait de gagner 34500 liv.; mais il voyoit avec chagrin ce bénéfice affoibli par la perte qui résultoit de son opération sur les Actions de la Caisse. Il falloit chercher un moyen de me faire exécuter la convention avantageuse, & de faire annuller celle qui ne l'étoit pas.

Voici en conséquence le projet sublime qui a été conçu, & dont l'exécution a été confiée par le sieur Piquet au sieur Doumer Bélan son Courtier.

Le sieur Doumer a retiré des mains du sieur Piquet mes engagemens portant promesse de fournir, le 31 Mai 1788, mille Actions des Indes au prix de 1260 liv. l'Action, afin d'écarter la compensation naturelle qui existoit entre le sieur Piquet & moi.

Porteur de ces titres, il s'est présenté aux Consuls, il n'en a point réclamé l'exécution, de peur que Messieurs les Consuls n'en prononçassent la nullité; mais il a imaginé de demander en son nom la restitution d'une prime de 30000 liv. qu'il a assuré m'avoir payée sur ces engagemens, & à être autorisé à compenſer cette ſomme ſur celle de 40000 l. qu'il me devoit.

En conſéquence, le ſieur Doumer s'eſt annoncé comme un homme public, & il ne l'eſt point : il a produit ſon carnet ſur lequel cette prime étoit inſcrite, *comme ſi le carnet d'un homme ſans caractere pouvoit faire quelque foi en juſtice.* Enfin aidé par ce carnet *apocriphe,* ſoutenu par le témoignage du ſieur Piquet, qui a dit lui avoir remis ce jour-là 30000 liv., *& qui avoit intérêt à le dire*, il a perſuadé à Meſſieurs les Juges-Conſuls qu'il m'avoit compté cette ſomme, & que je devois la lui rendre.

Je me ſuis borné dans mes défenſes à deux moyens, & j'ai dit :

1°. Que je n'avois point reçu 30000 l. de primes,

2°. Que je devois au ſieur Piquet, dont le ſieur Doumer n'étoit que le prête-nom, ou le Courtier, par le réſultat de la convention qu'invoquoit le ſieur Doumer, une ſomme de 34000 liv. que j'avois offerte dans tous les tems au ſieur Piquet.

3°. Que je réïtérois la même offre, ſous

condition que le ſieur Piquet me paieroit à ſon tour la ſomme de 20550 liv. qu'il me devoit, ainſi que je viens de le dire.

Enfin ſur le témoignage du ſieur Doumer, ſur celui du ſieur Piquet qui étoit derriere lui, comme Vaucanſſon derriere ſon automate, Meſſieurs les Juges-Conſuls m'ont condamné à rembourſer au ſieur Doumer cette prétendue prime de 30000 livres, & voilà le ſieur Piquet qui, débarraſſé des entraves d'une compenſation dont il ne s'étoit pas diſſimulé le danger, va maintenant chercher des moyens pour ſe ſouſtraire à l'engagement qu'il a ſigné, de recevoir le 31 Juillet 1788, ſoixante-quinze Actions de la Caiſſe d'eſcompte, à 4550 l. : il invoquera ſans aucun doute, & à l'ordinaire *l'Arrêt de M. de Calonne.*

Mais il y a, il faut en convenir, Monſieur le Comte, une force ſurnaturelle qui ſe joue *dans ce bas monde*, des projets les mieux combinés, & qui preſque toujours les déconcerte & les arrête lorſqu'ils ont un but malhonnête.

Le ſieur Doumer n'a pu échapper aux cris d'une conſcience qui s'alarmoit.

Peut-être, *faut-il lui rendre cette justice*, que n'ayant agi que malgré lui, & par l'effet d'une impression étrangere qui frappoit trop vivement la foiblesse de son organisation; il n'avoit pas été en son pouvoir de résister à un choc aussi violent?

Peut-être qu'armé du poignard que mettoit entre ses mains la Sentence de Messieurs les Consuls, le courage lui avoit manqué sur sa victime, & que, *le prestige cessant* au moment de donner le coup, il avoit reconnu que *ce que je demandois au sieur Piquet étoit juste, que ce que le sieur Piquet vouloit faire ne l'étoit pas.*

Enfin quelqu'ait été le motif de la conversion du sieur Doumer, il a abjuré ses erreurs, il a renoncé à cet échaffaudage bisarre de prime, il a tiré *le rideau magique.* Le sieur Piquet, dégagé de toutes ses ombres, a paru, & j'ai obtenu un compte; ce compte a été remis le premier Avril 1789, par le sieur Doumer à M. de B***, chargé de mes pouvoirs; ce compte que je vais rendre public me constitue débiteur du sieur Piquet de 42491 liv. 14 sols.

Ce créancier a proposé à M. de B*** de liquider cette somme à 30000 liv., en l'assurant que ce n'étoit que par égard aux malheurs dont j'avois été la victime, qu'il consentoit de réduire une créance de 42491 liv. 14 sols à 30000 liv. & de m'accorder des délais.

M. de B*** qui croyoit, d'un côté, à la sincérité du compte ; & qui de l'autre, me voyoit sous le poids d'une Sentence à laquelle j'étois hors d'état d'obéir dans le moment, a accepté la proposition du sieur Piquet.

Il a donc consenti à ce que le sieur Piquet compensât sur 40000 l. de billets de M. Grimoult que j'ai dans les mains du sieur Doumer, la somme de 30000 liv.

Voici la convention qui a été passée le premier Avril 1789, entre le sieur Doumer agissant pour le sieur Piquet, & M. de B*** agissant pour moi (1).

---

(1) Entre les soussignés est convenu de ce qui suit, &c. M. de Sainte-Albine s'oblige de rendre à M. Doumer l'engagement de M. Piquet de soixante quinze Actions de

Je vais actuellement présenter le compte que le sieur Doumer a produit de la part du sieur Piquet, ainsi que mes observations.

---

la Caisse d'escompte que ce dernier devoit recevoir de lui, *le* 31 *Juillet* 1788, au prix de 4550 liv.

2°. La reconnoissance de M. Doumer Bélan, qu'il lui avoit faite pour le dépôt de quarante mille livres qu'il avoit entre ses mains, pour sûreté d'une vente de mille Actions de la nouvelle Compagnie des Indes, livrables le 31 Mai dernier, au prix de 1260 l'une.

Et moi, Doumer Bélan, m'engage aussi de rendre à M. de Sainte-Albine,

1°. Les dix engagemens pour la vente des mille Actions des Indes ci-dessus mentionnées;

2°. Un autre engagement de M. Duplain, sur lequel j'ai une différence à répéter d'environ cinq à six mille livres.

3°. Un bon de M. Duplain, de 3200 l. au porteur.

4°. Enfin le surplus de ce qui pourra rester sur les bons de M. Grimoult, de 40000 liv. ci-dessus mentionnés, après que la rentrée en aura été faite par moi Doumer Bélan.

Le présent engagement est fait pour terminer entre M. Piquet, M. Duplain de Sainte-Albine & moi, toutes contestations & procédures faites pour raison des affaires des autres parts désignées, dont je me désiste par le présent. Fait double, à Paris, le premier Avril 1789, signé des Parties.

Je ne dirai point qu'on a surpris la signature de M. de B***, je ne dirai point qu'on en ait eu la coupable intention; mais je dirai que ce compte contient des erreurs si *lourdes*, qu'elles vous paroîtront, Monsieur le Comte, inexcusables.

Compte produit au nom du sieur Piquet par le sieur Doumer.

Différences établies entre MM. Piquet & Duplain de Sainte-Albine.

« Mille Actions des Indes à recevoir par » M. Piquet, *le* 31 *Mai* 1788, à 1260 livres, » (escomptées le 30 Avril 1788, jour du départ de M. de Sainte-Albine)

contre la somme de . . .	1260000 l.
« Escompte à déduire . .	5250
	1254750
Les Actions valoient le 30 » Avril 1788, 1300 liv. à » payer par M. de Ste.-Albine	1300000
» Différence à revenir à » M. Piquet	45250

» M. Piquet devoit recevoir de M. de Sainte-Albine soixante-quinze Actions de la Caisse, à 4550 l. le 31 Juillet 1788, ci . .	341250	
» Escompte à déduire de quatre-vingt-douze jours, à partir du 30 Avril 1788 . .	4366	14 s.
	336883	6
» Les Actions de la Caisse ne valoient, le 30 Avril, que 4455 l., ce qui fait, pour les soixante-quinze,	334125	
» Différence due par M. Piquet à M. de Sainte-Albine	2758	6
» Mais M. de Sainte Albine devant à M. Piquet, comme ci-derriere . . .	45250	
» M. de Sainte-Albine doit à M. Piquet pour solde .	42491	14

» D'après ce compte, M. Duplain redoit à

» M. Piquet 42491 l. 14 ſ., & en ne recevant » que 30000 liv., il fait graces à M. Duplain » de . . . . 12491 l. 14 ſ.

Comme je ne veux point de graces du ſieur Piquet, je préſente le réſultat de ſon compte, qui me conſtitue ſon débiteur de 42491 l. 14.

Je lui demande actuellement,

1°. Pourquoi il part du cours des Actions des Indes au 30 Avril 1788, puiſque je ne les lui devois que le 31 Mai, cela fait une différence à mon préjudice de . . 10750 liv.

Le ſieur Piquet me permettra de reſter débiteur, ce premier objet déduit, de 31741 l. 14 ſ. juſqu'à ce qu'il m'ait juſtifié de ſon droit pour liquider le 30 Avril un engagement échéant au 31 Mai 1788.

2°. Pourquoi, à l'égard de la liquidation des ſoixante-quinze Actions de la Caiſſe d'eſcompte qu'il devoit recevoir le 31 Juillet 1788, il part encore du cours du 30 Avril 1788. Effectivement le ſieur Piquet a un avantage à ces liquidations prématurées, c'eſt que le 30 Avril 1788 l'Action de la Caiſſe valoit 4455 liv., au lieu que le 31 Juillet 1788,

JOUR AUQUEL IL DEVOIT LES RETIRER ; elle ne valoit que 4276 liv. y compris le dividende des six premier mois 1788.

En attendant que le sieur Piquet puisse me donner une raison qui démontre la justice de cette seconde liquidation au 30 Avril, comme cette opération donne en ma faveur un résultat incontestable de 20550 l. *ainsi que je l'ai dit page 84*, & que le sieur Piquet ne m'a alloué dans son compte hypothétique que . . . . . 2758 l. 6 s.

17791 l. 14 s.

Je diminuerai encore de la somme ci-dessus 17791 l. 14 s.

Je resterai donc en définitif, aux yeux de l'honneur, débiteur du sieur Piquet pour solde de la somme de 13950 l.

Et je défierois *M. Raste*, avec toute sa doctrine, de trouver *à gripper* une somme plus forte, & en m'acquittant, je n'aurai d'autre grace à demander au sieur Piquet que celle de *n'y pas revenir souvent*, sur tout si je rencontre encore *le sieur Rybes dans mon chemin*.

Le ſieur Piquet dira peut-être, Monſieur le Comte, *ce qu'il a dit à M. de B***, que je ſuis parti de Paris le 30 Avril 1788, ce qui a mis à jour tous mes engagemens, & que c'eſt le motif pour lequel il a liquidé les Actions au cours du 30 Avril.*

D'abord, *n'en déplaiſe au ſieur Piquet*; l'échéance d'un engagement dont le prix dépend abſolument d'une choſe éventuelle, ne peut point, par le fait d'une abſence, être avancée, c'eſt une prétention ridicule démentie par la conduite des gens honnêtes de la Place (1).

En ſecond lieu, ce moyen ſeroit péremptoire, que le ſieur Piquet ne pourroit encore l'invoquer, parce que ſes engagemens étant à mon ordre & dans les mains d'un tiers, il

(1) J'avois à fournir à M. Paul-Henri Mallet, le 31 Mai 1788, huit cents Actions des Indes. Le réſultat de l'opération étoit une perte. J'avois à lui fournir également en Juillet 1788 deux cents Actions de la Caiſſe d'eſcompte, qui par contre me donnoient un bénéfice.

M. Baroud a liquidé en mon abſence chaque engagement, ſuivant le cours de chaque effet, le jour de l'échéance, il me revenoit pour ſolde une ſomme qui a été payée par M. Mallet.

en doit l'exécution à l'échéance déterminée, & malgré mon absence, à celui qui en est porteur.

Le sieur Piquet n'est-il pas encore converti? Eh bien, je vais lui prouver physiquement *qu'il a manqué de mémoire, lorsqu'il a dit à M. de B*** que son intention avoit toujours été de liquider nos engagemens le 30 Avril 1788, jour de mon départ de Paris*,

Et je vais lui donner un témoin qu'il ne récusera pas, & qui attestera le contraire.

Je le prie de se rappeller que le 19 Mai 1788, c'est-à-dire dix-neuf jours après mon départ de Paris, il me fit signifier, par le ministere du sieur Lécrivain, Huissier, qu'il prendroit livraison de cent Actions des Indes le 31 Mai 1788.

Vous aurez de la peine, convenez-en, Monsieur Piquet, à vous débarrasser de ce témoin importun; consultez, au reste, le sieur Doumer, *votre agent, votre courtier, votre associé, il est jeune, il a l'imagination vive & féconde*, il vous trouvera peut-être une issue. Quant à moi,

Je vois fort bien comme l'on entre,
Et ne vois pas comme on en sort.

Messieurs Garrisson & Orry de la Roche, Agents-de-change, Caroillon Destilliere, Caroillon de Melleville, Caroillon de Vandeuil, Marion Brillantois.

J'ai prêté à M. Caroillon Destilliere une somme de 444000 liv. sur le nantissement de cent Actions de la Caisse d'escompte.

Pour sûreté de ma parole, & lui assurer la restitution des cent Actions pour le 31 Juillet 1788, je lui ai remis en outre une somme de 6000 liv.

J'ai fait la même opération avec M. Caroillon de Melleville, & avec les mêmes sûretés de ma part, c'est-à-dire, en lui payant pour gage de ma parole, 6000 liv.

J'ai prêté à M. Marion Brillantois une somme de 666000 liv. sur le nantissement de cent cinquante Actions de la Caisse d'escompte.

Pour sûreté de mon engagement, & assurer à M. Marion la restitution des cent cinquante Actions de la Caisse, au 31 Juillet 1788, je lui ai payé en outre une somme de 9000 liv.

J'ai prêté à M. Caroillon de Vandeuil une somme de 199800 l. sur le nantissement de quarante-cinq Actions de la Caisse d'escompte.

Pour assurer à M. de Vandeuil la restitution de ma part des quarante-cinq Actions au 31 Juillet 1788, je lui ai payé en outre 2700 liv.

J'ai prêté à M. Garrisson, Agent-de-change, la somme de 1212000 l. sur le nantissement de deux cents trente Actions de la Caisse d'escompte.

Pour sûreté de la restitution des Actions au 31 Juillet 1788, M. Garrisson a exigé un dépôt dans ses mains d'une nouvelle somme de 13800 liv. que je lui ai payée.

J'ai prêté à M. Orry de la Roche une somme de 421800 l. sur le nantissement de quatre-vingt-quinze Actions de la Caisse d'escompte.

Pour s'assurer la restitution de ces Actions, pour le 31 Juillet 1788, M. Orry a exigé dans ses mains un dépôt d'une somme de 5700 liv. que je lui ai payée.

Le 31 Juillet 1788, jour de l'échéance, les Actions ont été offertes; ces Messieurs ont refusé de les recevoir, & confisquent militairement à leur profit mes nantissemens.

Par le résultat de ces divers engagemens,

M. Marion me doit	33600 l.
M. de Melleville me doit . . .	22400 l.
M. de Vandeuil me doit . . .	10080 l.
M. Destillere me doit	22400 l.
M. Garrisson me doit	50600 l.
M. Orry de la Roche me doit .	20900 l.
Ces MM. me doivent en totalité .	159980 l.

Si on a des compensations à m'opposer, je demande à les faire; si on n'en a pas, je demande qu'on me paie.

M. Pessonneaux.

Le sieur Pessonneaux publie par-tout *que je l'ai ruiné, que je lui dois beaucoup, que je lui ai fait des torts irréparables.*

Je vais prouver qu'il étoit impossible de le ruiner, qu'il est mon débiteur, que, loin d'avoir des torts envers lui, j'en ai à lui reprocher de très-graves, & s'il veut me permettre de le dire, que j'ai à me plaindre *d'un abus de confiance inexcusable.*

J'ai dit qu'il étoit impossible de ruiner le sieur Pessonneaux, parce qu'il est de notoriété publique qu'il est sous le poids de dettes énormes contractées à Lyon, à Arles, à Marseille & à Paris.

J'ai dit qu'il étoit mon débiteur, que je n'étois pas le sien, & que j'avois à me plaindre d'un abus de confiance. Je vais le prouver. Dans le mois d'Avril 1788, je remis au sieur Pessonneaux, alors Courtier, des lettres-de-change sur Lyon, pour la somme de 15200 l. & payables en paiement de Pâques 1788.

Le sieur Boullouvard aîné d'Arles, ami du sieur Pessonneaux, & son Associé dans quelques opérations inutiles à détailler ici, l'engagea à lui remettre les lettres-de-change sur Lyon que je lui avois confiées pour m'en procurer l'argent : il lui remit en échange d'autres lettres qu'il tira sur Lyon, partit le lendemain matin pour la Provence, & mes lettres-de-change l'y suivirent.

Je ne fus informé qu'après le départ du sieur Boullouvard, de cet échange perfide;

je

je criai, je menaçai ; mais le mal étoit fait & sans remede.

Le sieur Boullouvard a manqué. Les lettres remises en échange des miennes n'ont pas été payées ; & pendant que, pour me tranquilliser, on m'assure qu'*on me rendra mes lettres, qu'elles n'ont pas été livrées à la circulation*, des Négocians de Lyon, qui s'en disent *porteurs sinceres*, m'assignent ; & je suis sous le poids d'une Sentence de la Conservation de Lyon, que j'ai laissée rendre par défaut, & dont j'ai interjetté appel au Parlement de Paris, pour amener au grand jour tous ces *copartageans*, les faire interroger sur faits & articles, & avoir enfin le fil de cette trâme perfide que je ne puis trouver. Voici l'extrait d'une lettre du sieur Boullouvard, en date du 9 Août 1788, après sa faillite.

« Je vous proteste, Monsieur, que je n'ai » jamais fait usage de vos traites sur Lyon, » qu'elles ont toujours été en porte-feuille, » que j'ai d'autant mieux cru pouvoir les » prendre des mains de Pessonneaux, que

» j'étois déjà endosseur. Je n'ai aucunement » manqué à la délicatesse. Quoi qu'il en soit, » M. Lievre, Notaire à Lyon, a ordre de les » remettre à qui vous le désignerez, en lui » faisant remettre les miennes ».

Voici l'extrait d'une lettre du sieur Pessonneaux, en date du 21 Décembre 1788 : « J'ai écrit, il y a trois semaines, à M. Boullouvard, qui me répond qu'il a toujours » sollicité l'échange des 15000 liv. de lettres-» de-change : M. Lievre, Notaire, qui en est » porteur depuis leur échéance, a voulu » également en faire l'échange avec Messieurs Harent & Duchesne. Au reste, cela » ne tardera pas ».

Cela ne tardera pas, dit le sieur Pessonneaux; mais en attendant, la Sentence est rendue.

Voilà donc incontestablement le sieur Pessonneaux coupable d'un tort grave; & jusqu'à ce que mes lettres me soient rendues, il est mon débiteur de 15200 livres. Mais ce n'est pas la seule dette qu'ait contractée envers moi le sieur Pessonneaux : il m'a garanti le paiement de la part du sieur Saint-Denys, de cinquante Actions de la Caisse, payables fin Juillet, au prix de 4500 liv. M. Saint-Denys ne les ayant pas retirées, le résultat de cette opération constitue le sieur Pessonneaux mon débiteur de 11200 livres qui, ajoutées aux 15200 livres, forment la somme de 26400 liv.

Voyons maintenant comment le sieur Pessonneaux va s'acquitter.

Il doit me remettre,

1°. Un compte de courtage d'environ 2400 liv.

Je passerai cette somme en déduction, si le compte est juste.

2°. Il dit que Messieurs les Juges-Consuls l'ont condamné, en Juillet 1788, à payer à M. Stek une différence de 6000 liv. résultante d'un prêt de cent Actions des Indes; qu'il avoit souscrit cet engagement pour mon compte, qu'ainsi je lui dois 6000 livres de plus. Je compenserai cette somme, rien n'est plus juste. Mais n'est-il pas inconcevable, Monsieur le Comte, que Messieurs les Juges-Consuls aient adjugé, en Juillet, au sieur Stek, une différence sur un prêt d'Actions, & que, dans le même moment, ils aient annullé un pareil engagement entre le sieur Rybes & moi?

Et n'ai-je pas raison de dire que si Messieurs les Juges-Consuls continuent à annuller toutes les conventions dans lesquelles je suis *demandeur*, & ordonnent l'exécution de toutes celles dans lesquelles je suis *défendeur pour le même objet*,

Il faudra cesser de plaider,

Et enfin par force, & malgré la meilleure volonté, cesser de payer.

Voilà, au reste, tout ce que le sieur Pessonneaux me demande; ainsi en déduisant de la somme de . . . . 26400 l.
Qu'il me doit celle de . . . . . 8400 l.

Il reste mon débiteur de . . . . 18000 l.

Je ne l'ai donc point ruiné, il n'est donc point mon créancier, je ne lui ai donc pas fait des torts irréparables ?

Le sieur Fissour, Agent-de-change.

Le sieur Fissour, Agent-de-change, est porteur d'un engagement souscrit par moi, portant promesse de fournir mille Actions de la Compagnie des Indes, le 30 Juin 1788, au prix de 1250 liv.

J'offre de payer le résultat de cet engagement qui donne une perte considérable, à condition, 1°. que le sieur Achard qui est derriere le sieur Fissour, & au nom duquel il agit, compensera sur ce que je perds, & jusqu'à dûe concurrence, le résultat de plusieurs engagemens souscrits par lui, & qu'il n'a pas rempli.

2°. Que le sieur Fissour me restituera une somme de 30000 liv. environ que je lui ai remise en dépôt.

J'ai prêté à M. Achard une somme de 4440 liv. sur le nantissement de plusieurs Actions de la Caisse d'escompte, qu'il devoit retirer le 31 Juillet 1788, en me rendant la somme prêtée.

Pour sûreté de ma parole, j'avois payé en outre à M. Achard une somme de 60 liv. de plus par chaque Action.

A l'échéance de la convention, M. Achard n'a pas retiré ses Actions, elles ont été vendues; il en a résulté une différence qu'il doit, & dont je demande la compensation, sur ce que je perds vis à-vis du sieur Fissour qui agit pour lui.

Le sieur de la Louvelais, Agent de-change.

Le sieur de la Louvelais devoit retirer de moi,

Le 31 Mai 1788, mille Actions des Indes, à 1290 l.

Le 10 Juin, deux cents cinquante des mêmes Actions, à 1295 l.

Le 30 Juin, sept cents cinquante des mêmes Actions, à 1300 l.

Le 30 Juin, trois cents des mêmes Actions, à 1270 l.

Le 31 Juillet, cinquante Actions de Caisse, à 4520 l.

-Le 10 Août, cinquante des mêmes Actions, à 4520 l.

Ces différentes opérations combinées ensemble, donnent en ma faveur un résultat d'environ 50000 liv. que le sieur de la Louvelais ne me paie pas.

Par quelle fatalité dois-je donc toujours payer, & ne jamais recevoir!

Le sieur Muguet aîné, Courtier.

Je dois au sieur Muguet environ 14600 l.

J'ai à lui opposer des billets souscrits par lui pour une plus forte somme : je reste donc son créancier, & non son débiteur, comme on le dit, & je vais le prouver.

J'ai dû livrer au ſieur Muguet aîné ;

Le 10 Mai 1788, trois cents Actions des Indes, à 1260 l.

Le 15 Mai 1788, deux cents Actions des Indes, à 1260 l.

Le 31 Mai 1788, deux cents Actions des Indes, a 1265 l.

Le 30 Juin 1788, deux cents Actions des Indes, à 1270 l.

Le 30 *idem* 1788, quatre cents Actions des Indes, à 1275 l.

Ces livraiſons combinées enſemble me conſtituent dans une perte d'environ 14600 livres.

Je n'entends point me ſervir des armes de mes adverſaires pour me ſouſtraire à cette perte, & invoquer *l'Arrêt de M. de Calonne.*

Je ſuis porteur de 47600 liv. de billets ſouſcrits par le ſieur Muguet, je lui en rendrai pour 14600 l., & je reſterai inconteſtablement ſon créancier d'environ 33000 l.

Le sieur Deneufville.

Le sieur Deneufville, *Anabaptiste*, se dit Courtier, & il ne l'est point.

S'il ne résultoit de ses opérations clandestines aucun tort pour la société; s'il n'en eût point résulté contre moi, je n'aurois pas cherché à réveiller à son égard l'attention du ministere public. Mais je suis sa dupe, je vais le prouver, & je dois empêcher qu'il en fasse d'autres.

Le 5 de Mars 1788, je payai au sieur Deneufville le résultat d'un engagement d'Actions de la Caisse d'escompte, qui me constituoit dans une perte de 5250 l.

N'avois-je pas le droit d'attendre la même fidélité de la part du sieur Deneufville ? Le contraire est cependant arrivé, & voilà ce dont je me plains.

Je lui ai vendu des Actions de la Caisse, payables fin Juillet, au prix de 4500 livres, des Actions de la nouvelle Compagnie des Indes, fin Mai 1788, à 1290 liv.

Les deux ventes combinées ensemble donnent un résultat en ma faveur d'environ 4000 l. que je demande au sieur Deneufville, & qu'il ne me paie point.

Le sieur Vilette de la Mussellerie, Agent-de-change.

J'avois à livrer à M. de la Mussellerie neuf cents Actions de la nouvelle Compagnie des Indes, à 1260 liv. fin Avril.

Il est certain que si M. de la Mussellerie n'a pas emprunté les neuf cents Actions sur la Place, & qu'il les ait acheté le 30 Avril 1788, il a perdu une somme de 36000 liv.

S'il les a empruntées pour trois mois, il est certain encore qu'au lieu de perdre 36000 l., M. de la Mussellerie a gagné 32000 liv., parce que l'Action des Indes étoit le premier Août 1788 à 1220 liv.

M. de la Mussellerie prétend que je lui dois la somme de 36000 liv., parce qu'il a acheté les Actions le 30 Avril 1788 à mon défaut; & cependant M. de la Mussellerie n'a fait aucun acte qui constatât que son intention étoit de liquider notre convention le 30 Avril 1788, jour de son échéance : au contraire, il en a fait un qui indique l'opposé.

Il a fait saisir chez le sieur Rybes, mon débiteur.

J'ai consulté sur cette affaire, & voici ce qui m'a été répondu :

1°. Que n'ayant reçu de M. de la Mussellerie aucun acte qui justifiât de son intention à liquider le 30 Avril, nos engagemens subsistoient dans leur intégrité, c'est-à-dire que je restois engagé à fournir des Actions en nature, & M. de la Mussellerie à en payer le prix convenu.

2°. Qu'ayant sommé dans le mois d'Août M. de la Mussellerie d'acheter ces Actions sur la Place pour moi, avec l'argent qu'il me devoit, c'étoit seulement alors que notre convention étoit terminée.

3°. On a donné pour raison que M. Bouchet, Confrere de M. de la Muſſelſerie, étant porteur d'un engagement ſouſcrit par moi de lui livrer des Actions des Indes le 31 Décembre 1787, m'avoit cependant fait aſſigner à les lui livrer en nature dans le mois de Juin 1788, & point du tout à lui payer une différence réſultante de la non livraiſon au 31 Décembre 1787.

4°. Qu'en terminant avec M. de la Muſſellerie, ſuivant ſon vœu & ſa déclaration, je m'expoſois, d'une part, vis-à-vis de ceux qui m'attaquoient en ſens contraire, à payer auſſi, c'eſt-à-dire à perdre *en pariant pour & contre à la même partie*; & de l'autre, à être contredit par les aſſociés que j'avois dans cette affaire (1).

6°. Que dans cette circonſtance il convenoit d'attendre une déciſion juridique *dans la même eſpece*, en ſe promettant réciproquement d'y être fidele, ou de la provoquer,

---

(1) C'eſt un des engagemens réſultans de l'opération miniſtérielle dont j'ai rendu compte, page 59.

en donnant la chofe à juger aux Tribunaux.

Je n'ajouterai rien à ces motifs, je propoferai feulement à M. de la Muffellerie de nous y conformer, & en attendant je prendrai le public pour juge de ma conduite.

Le fieur Adamoli, Courtier.

Le fieur Adamoli, comme le fieur Peffonneaux, publie par-tout que je l'ai ruiné, & que je lui dois des fommes confidérables.

Je vais prouver que je ne l'ai point ruiné, que je ne lui dois rieu, & qu'il eft mon débiteur.

Premiere opération.

J'ai dépofé dans les mains du fieur Adamoli, le premier Avril 1788, une fomme de douze mille livres en argent, & un bon au porteur, de trois mille livres.

Ce nantiffement étoit la sûreté d'un prêt que me faifoit le fieur Adamoli, de cinq cents vingt-cinq Actions de la Banque de Saint-Charles de Madrid.

Le sieur Adamoli devoit retirer en Avril 1788 ces cinq cents vingt-cinq Actions, en me payant la somme de 298416 liv. 10 sols que je lui avois remise sur ces Actions, y compris le gage de 15000 liv.

Cette premiere opération, dont je ne connois point le résultat, ne me constitue certainement pas dans une perte qui puisse absorber la plénitude du gage. C'est un compte à faire. Le sieur Adamoli peut être, au reste, tranquille, je n'invoquerai point, comme le sieur Rybes, *l'Arrêt de M. de Calonne*, je ne demanderai point à Messieurs les Consuls *la nullité de mon engagement, & la restitution des gages*; le sieur Adamoli en consommera tout ce qu'il doit en consommer, rien n'est plus juste.

Deuxième opération.

Le sieur Adamoli fit avec moi, le 5 Avril 1788, une convention dans laquelle il s'engagea de vendre pour mon compte, & sous son nom, des Actions de la Caisse d'escompte, & de celles de la nouvelle Compagnie des Indes.

Il fut convenu qu'il auroit un tiers de bénéfice dans l'opération, sans courir l'événement des pertes.

Certainement le sieur Adamoli ne dira pas que je le traitois mal.

Ensuite de cette convention, le sieur Adamoli a vendu pour moi,

A M. Grimoult, deux cents Actions des Indes, payables fin Mai : il ne les a pas livrées, ainsi il n'a fait sur cet objet aucune perte.

Il a vendu à Messieurs

Caillat, cent Actions des Indes fin Mai 1788, à 1280 liv.

Bouchet, deux cents *idem*, fin Mai, à 1273 liv. 5 sols.

Richard, cent *idem* fin Mai, à 1260 liv.

Claviere, cinquante Actions de Caisse, fin Mai, à 4462 liv.

Mallet, cinquante Actions de la Caisse, au 10 Juin, 4465 l.

Muguet aîné, cinquante *idem*, fin Juin, à 4510 liv.

Lecomte, 25 *idem*, fin Mai, à 4462 liv.

Ces opérations pour lesquelles le sieur Adamoli prétend, en mon absence, avoir rempli à mon égard les formalités d'usage, combinées ensemble, me donnent une perte de 13450 liv. dont je suis débiteur envers le sieur Adamoli, & je lui promets encore de ne point invoquer, comme le sieur Rybes, *l'Arrêt de M. de Calonne*; & de le payer.

Mais comme je lui ai remis une obligation du sieur Terrasse sur une Charge de Secretaire du Roi, qui vaut, avec les intérêts, au moins 23000 liv., & qui est échue, je l'ai fait assigner à me la rendre.

Le sieur Adamoli peut former opposition dans les mains du sieur Terrasse; mais il n'a aucun droit de me garder un effet de 23000 l. sur lequel je ne lui dois qu'environ 13450 l., & de m'en retarder la rentrée.

Que dira le sieur Adamoli?

Les

Les sieurs Goudet, Lieutaud & Romieux.

J'avois à livrer à ces Messieurs, le 30 Juin 1788, cinquante Actions de la Caisse d'escompte, à 4450 liv.

Ils disent avoir été autorisés à acheter ces Actions pour mon compte le premier Juillet.

Je n'ai aucune connoissance juridique de ce fait : en supposant qu'il ait existé, qu'en résulteroit-il? que le cours de la Bourse du premier Juillet, étant de 4518 l., je perds 48 liv. par Action, c'est-à-dire 2400 liv.

Mais comme pour sûreté de l'engagement, j'avois déposé dans les mains de Messieurs Goudet, Lieutaud & Romieux 4000 liv., dont j'ai leur reçu, je demande pourquoi ils confisquent à leur profit, militairement & sans pudeur, les seize cents liv. qui restent ?

Le sieur Pyron de Chaboulon.

Le sieur Pyron débite, *avec une noble assurance*, que je lui dois des sommes énormes,

& cependant il eſt mon débiteur de trois cents ſept mille deux cents treize livres trois ſols quatre deniers, ce que je vais mathématiquement prouver.

Par acte paſſé devant Me. Coupery, Notaire à Paris, le ſieur Pyron de Chaboulon ſe reconnut mon débiteur de 5,423,028 l. 3 ſ. 4 d. pour ſûreté de laquelle ſomme je reconnus avoir reçu treize cents Actions de la Caiſſe d'eſcompte.

Le premier Août 1788, par le miniſtere de ſon Huiſſier, le ſieur Toutain, le ſieur de Chaboulon me fit ſignifier de lui remettre dans le jour les treize cents Actions de la Caiſſe.

L'attaque étoit bruſque, j'y répondis de la même maniere; & comme ce n'étoit point de ma part *une forfanterie*, je fis aſſigner en même tems le ſieur Pyron au Conſulat de Paris, à les recevoir, & à me payer.

Le ſieur Pyron qui n'avoit ni les cinq millions, ni la volonté de les donner, ſe replia alors ; son Procureur demanda aux Consuls le renvoi à la Chambre du Conseil, c'est-à dire que le sieur Pyron adoptant *le système de Fabius*, gagnoit du tems, pour attendre le moment où les Actions monteroient à un prix tel que le résultat de notre convention fût une perte pour moi.

Mais lassé de cette comédie, je fis signifier le 19 Août 1788 au sieur Pyron,

« Que vu les circonstances où se trouvoit » la Place, je ne voulois ni ne pouvois plus » courir des événemens ; qu'il étoit le maître » d'allonger un procès tant qu'il lui plairoit ; » que cette maniere de procéder étoit absolu» ment contraire à l'esprit de l'acte passé entre » nous le 9 Avril 1788, dans lequel il étoit » dit, article 7, que dans le cas où le sieur de » Sainte-Albine ne remettroit pas au sieur » Pyron, au jour de l'échéance les Actions, » & que de son côté le sieur Pyron ne rem» bourseroit pas audit jour de l'échéance au» dit sieur de Sainte-Albine les sommes » énoncées dans ledit acte, ils sont dès-à pré» sent, est il dit, réciproquement convenus,

» ſavoir, ledit ſieur Pyron, à faire acheter, » & ledit ſieur de Sainte-Albine à faire vendre » dès le lendemain, ſi bon leur ſemble, par » miniſtere d'Agens-de-change, les Actions » non livrées & non retirées, aux riſques & » périls de la partie défaillante, ſans qu'il ſoit » beſoin d'avoir recours à une formalité » judiciaire pour en autoriſer & ordonner » la vente ou l'achat, pour leſquels il ſuffira » de conſtater réciproquement par un acte » le refus de remiſe ou paiement; ledit cas » arrivant, les différences ſeront réciproque- » ment payées ſur le bordereau de l'Agent-de- » change qui aura fait la négociation, & » auquel bordereau les parties promettent & » s'engagent mutuellement de s'en rapporter; » qu'enfin j'ai rempli envers le ſieur Pyron » tout ce que les regles de la bienſéance & » de l'honnêteté permettoient, en attendant » juſqu'à aujourd'hui 19 Août 1788, & » qu'en conſéquence je lui fais offrir réelle- » ment & à découvert les treize cents Actions » de la Caiſſe, garnies de tous leurs dividen- » des, à la charge par lui, en les acceptant, » de payer dans les mains de mon Huiſſier

» la somme de 5, 215, 028 l. 3 s. 4 d., faisant » avec celle de 208000 liv., montant de » treize cents dividendes que j'ai reçus, celle » de 5423028 liv. 3 s. 4 d., en lui décla- » rant que, faute par le sieur Pyron de les » retirer & de payer, les treize cents Actions » seront vendues conformément à l'acte du 7 » Avril ».

	l.	s.	d.
Ensuite de cette signification, le sieur Pyront n'ayant point retiré les Actions, il est resté mon débiteur de..................	5215028	3	4
J'ai fait vendre, par Agent-de-change, les treize cents Actions, l'acte de vente a été signifié au sieur Pyron, & les Actions n'ayant produit que..................	4907815		
Le sieur Pyron est incontestablement mon débiteur de..................	307213	3	4

Le sieur de Saint-Firmin.

Je me serois réduit au silence vis-à-vis le sieur de Saint-Firmin s'il eût cessé de répandre à mon égard des fables dans le public, s'il eût cessé de publier dans tous les coins de Paris que j'étois son débiteur, tandis que je suis son créancier, & son créancier de sommes considérables qu'il ne me paie pas ; ce dont je vais justifier.

Le sieur de Saint-Firmin, dans la fabrication de sa créance hypothétique, dit : *que je lui dois pour MM. Muguet & Saint-Didier ; que je lui dois pour des ventes d'actions ; que je lui dois des dommages & intérêts résultans d'actes vexatoires & oppressifs que je me suis permis contre lui.*

Et quels sont ces actes vexatoires & oppressifs ? L'expédition d'un Huissier trop zélé, qui croyant seconder mes intentions, alla, sans mon ordre, saisir les meubles du sieur de Saint-Firmin, *qui se trouverent appartenir à Mademoiselle Delagrave, sa belle-*

sœur, & qui fut éconduit *à coups de bâton.*

A l'exception de l'équipée de cet Huissier imprudent, que je désavoue formellement, j'ai un reçu du sieur de Saint-Firmin qui me libere avec lui jusqu'au 9 Décembre 1786, le voici.

« J'ai reçu de M. de Sainte-Albine la somme » de 27486 l. 12 s. pour solde des différentes » affaires que nous avons eues ensemble, dont » j'ai retiré les titres, ce qui nous solde par- » faitement, Paris, 9 Décembre 1786. *Signé* » de Saint-Firmin ».

D'après ce reçu positif, M. de Saint-Firmin, jusqu'au 9 Décembre 1786, me permettra de répondre à toutes ses allégations par cette quittance précieuse, portant en ma faveur une libération solemnelle.

Depuis le 9 Décembre 1786, je n'ai pas eu d'autres relations d'affaires avec le sieur de Saint-Firmin que celles qui suivent.

1°. Cession de ma part au profit du sieur de Saint-Firmin d'une vente souscrite à mon ordre par le ſieur Baroud, de 950 Actions des Indes, payables fin Décembre 1786, au prix de 1450 liv.

2°. Reconnoiſſance du ſieur de Saint-Firmin en ma faveur, d'une ſomme de 32000 l. en date du 10 Décembre 1786.

3°. Promeſſe de ſa part de me rendre à la fin de Décembre 1786, 200 Actions des Indes au prix de 1600 liv.

4°. Lettres-de-change acceptées par le ſieur de Saint-Firmin & non payées, montant enſemble à 38000 liv.

Je vais analyſer chaque objet.

Sur la fin de Décembre 1786, j'étois porteur d'un engagement de M. Baroud de me livrer 950 Actions des Indes, au prix de 1450 liv. l'une.

Il y avoit alors ſur la place deux ſortes d'Actions; une Action ancienne, qui valoit 2100 l. — Une Action nouvelle *qui venoit d'être créée par M. de Calonne*, & qui ne valoit que 1500 liv.

M. Baroud ſoutenoit qu'il n'avoit entendu vendre d'autre Action que celle qui venoit d'être créée (1).

Dans ce cas, la différence qui réſultoit à mon profit de cette operation étoit très-petite ; ſi au contraire M. Baroud étoit obligé de me remettre des anciennes Actions, elle étoit très-conſidérable.

Je ne voulois avoir aucune difficulté avec le ſieur Baroud, mon ancien ami ; je voulois néanmoins tirer un parti honnête *de ma choſe*.

Le ſieur de Saint-Firmin me propoſa de lui céder cette convention ; il me donna ſa parole d'honneur de ne jamais uſer des voies juridiques contre M. Baroud. — Il me promit enfin d'en tirer un parti avantageux, en n'employant que des moyens de conciliation.

---

(1) M. Baroud invoquoit une conſultation ſignée de MM. Target, Hardouin, &c. qui décidoient la queſtion en ſa faveur.

J'acceptai la proposition de M. de Saint-Firmin, & il fut convenu entre nous,

1°. Qu'il s'arrangeroit de maniére à transiger *utilement* avec M. Baroud.

2°. Que je me réservois une somme de 95000 liv. sur le prix qui proviendroit de la liquidation de la convention.

3°. Que si le sieur de Saint-Firmin recevoit plus de 95000 l. la somme excédante lui appartiendroit.

On voit, par l'esprit de cette convention, que le sieur de Saint-Firmin n'étoit qu'un prête-nom à gages, qu'un médiateur complaisant entre deux amis.

Quelques jours après, le sieur de Saint-Firmin me remit un billet de M. Germain associé de MM. Delessert & Compagnie Banquiers à Paris, de la somme de 95000 l. payable le 10 Janvier 1787 fixe.

Il me demanda la cession de l'engagement; je la lui souscrivis sans aucune difficulté.

Le 10 Janvier M. Germain refusa de payer son billet & allégua pour raisons que M. Baroud n'ayant voulu livrer, le 31 Décembre 1786, que des Actions de création nouvelle, & son intention n'ayant pas été d'acheter cette espece d'Actions, mais des anciennes, il n'acquitteroit point son billet puisqu'il n'en recevoit pas le prix.

Je rendrai bientôt compte de l'intention du sieur Germain en achetant cette convention pour Messieurs Delessert & Comp. ses associés.

Je demandai alors au sieur de Saint-Firmin le remboursement du billet protesté ou la rétrocession de ma convention.

Rien sans doute n'étoit plus naturel ni plus juste. Cependant le sieur de Saint-Firmin prétendit qu'il n'étoit tenu ni à l'un ni à l'autre, il se hâta au contraire de procéder & contre moi & contre M. Baroud, c'est-à-dire qu'il falloit plaider avec le sieur de Saint-Firmin pour savoir *si j'étois le maître de ma maison, dont je n'avois cédé la propriété qu'à condition d'en recevoir la valeur.* Je me fis justice, & en attendant la décision de *cette question importante*, je traitai avec Mr. Baroud, qui pour finir toute difficulté, me paya 120000 l.

Sur cette somme de 120000 l. j'ai promis au sieur de Saint-Firmin de le créditer sur & à compte de ce qu'il me doit, de 25000 l.

C'est payer certainement au poids de l'or son entremise, & je le défie de disconvenir que jamais *Agent-de-change*, que *jamais Courtier* n'a reçu un droit de cette importance.

Voici actuellement le résultat de mon compte avec M. de Saint Firmin.

Il me doit, suivant sa reconnoissance du 10 Décembre 1786,	32000 l.
Il devoit me rendre, le 31 Décembre 1786, 200 Actions des Indes à 1600 liv. J'ai été obligé, ne les recevant pas, de les acheter à 2100 liv. pour les remettre à M. E. Claviere, à qui je les devois à 1600 liv. Il m'en a coûté cent mille livres que me doit M. de Saint-Firmin, ci.	100000 l.
Il me doit pour des lettres-de-change échues & protestées . . .	38000 l.
En total.	170000 l.

Suite de l'autre part . . . 170000 l.

J'alloue en diminution de cette somme, ainsi que je viens de le dire, 25000 l.

Redoit pour solde M. de Saint-Firmin, ... 145000 l.

J'ai reçu du sieur de Saint-Firmin à compte de cette somme de 145000 liv.

1°. Une obligation *de très haut & très-puissant Seigneur Monseigneur Henri-Joseph de Carvallo Mello, Comte d'Oyeras de Lisbonne, & de très-haute & très-puissante Dame Marie-Antoinette Meneze son épouse*, de la somme de 33000 liv.; mais qui n'est pas payée. *Je suis persuadé qu'on dit à Lisbonne comme à Paris qu'on ne paye point parce que je n'étois pas à Paris le 30 Avril 1788.*

2°. Différents autres billets souscrits par des débiteurs, *qui ne disent rien, si vous voulez*, mais qui n'en paient pas mieux.

Je ferai rendre au sieur de Saint-Firmin toutes ces *hautes & puissantes* créances lorsqu'il lui plaira de me compter 145000 liv., plus les intérêts depuis 1786.

Je n'ai pas d'autre affaire avec M. de Saint-Firmin ; je me réserve de donner sous peu de jours quelques détails sur celles qui ont été terminées entre nous, ainsi que sur la maniere dont elles l'ont été, & notamment sur l'affaire *des dividendes de la Caisse d'escompte.*

Telle est la conduite, Monsieur le Comte, de mes Adversaires : vous avez sous les yeux celle que je leur ai constamment opposée pendant quatre années. Ce contraste frappant, ce témoin incorruptible, qui déposera perpétuellement en ma faveur, & toujours contre eux, suffira sans doute pour rendre désormais impuissante la rage des reptiles qui n'ont cessé de lancer contre moi leurs dards empoisonnés.

Il suffira, sans doute, pour rendre inutile la parole contagieuse de ces bouches scélérates, exercées à fabriquer le mensonge, & qui ont osé répandre leurs impudentes diffamations jusques sur l'autel du temple de la Justice.

Quant à mes créanciers, l'objet de toutes mes sollicitudes, celui de toutes mes réclamations auprès des Tribunaux, leur nombre n'a rien qui m'effraie. Puisse la lecture de ma lettre les tranquilliser, & leur persuader qu'ils seront exactement payés en capitaux & intérêts, dès que je serai sorti de cet état d'oppression qui a rendu jusqu'à présent mes desirs vains & mes efforts inutiles, dès qu'à force de crier *à l'iniquité*, *à la partialité*, *à la barbarie*, & de le prouver, on m'aura écouté & rendu justice.

Si parmi mes déprédateurs (car ils s'annoncent tous pour avoir perdu des sommes énormes avec moi) il se trouve de véritables créanciers, des créanciers auxquels je ne puisse pas opposer des compensations utiles, je les prie de se présenter à moi; je les invite à quitter le masque imposteur dont ils s'enveloppent; ma cause est la leur, mes créances sont leur gage, qu'ils forment donc en attendant, & pour leur sûreté, des oppositions chez mes débiteurs; je leur en présente ici un premier tableau, & je ne ferai pas attendre le second.

Voilà, Monsieur le Comte, mon dernier mot, & je crois qu'on le trouvera satisfaisant.

J'ai l'honneur d'être, &c. &c.

Premier Tableau de mes créances.

Il m'est dû par Messieurs

	l.	f.	d.
Bouchet, Agent-de-change,	446588	7	
Orry de la Roche, Agent-de-change.	20900		
Marion Brillantais.	33600		
De Melleville.	22400		
De Vandeuil.	10080		
Destilliere.	22400		
Garrisson, Agent-de-change	50600		
Roche, Agent-de-change. .	501660	6	10
Doumer, environ.	16000		
	1124228	13	10

Ci-contre

	l.	f.	d.
Ci-contre	1124228	13	10
Fissour, Agent-de-change environ	30000		
Muguet aîné	33000		
Deneufville	4000		
Adamoli	9550		
Goudet, Lieutaud & Romieux	1600		
Pyron de Chaboulon	307213	3	6
Terrasse	105549		
Duvernois, environ	72000		
De Saint-Firmin	145000		
	1832140	17	4

FIN.

www.ingramcontent.com/pod-product-compliance
Ingram Content Group UK Ltd.
Pitfield, Milton Keynes, MK11 3LW, UK
UKHW020231220726
13923UKWH00002B/596